南开大学中外文明交叉科学中心
资助出版

《“以民为本”思想与基本人权保障古今发展研究》一书是天津市社科基金项目“‘以民为本’治国思想法规与人权保障的发展研究”(TJFXQNXSX19－003)的研究成果，此书同时受到南开大学中外文明交叉科学中心资助。

南开法治文丛

"YIMINWEIBEN" SIXIANG YU
JIBEN RENQUAN BAOZHANG
GUJIN FAZHAN YANJIU

吕怡维　著

"以民为本"思想与基本人权保障古今发展研究

法律出版社 LAW PRESS · CHINA
北京

图书在版编目(CIP)数据

“以民为本”思想与基本人权保障古今发展研究 / 吕怡维著. -- 北京 : 法律出版社, 2022

(南开法治文丛)

ISBN 978 - 7 - 5197 - 7313 - 7

Ⅰ. ①以… Ⅱ. ①吕… Ⅲ. ①人权-保障-研究-中国 Ⅳ. ①D621.5

中国版本图书馆 CIP 数据核字(2022)第 219142 号

“以民为本”思想与基本人权保障古今发展研究

“YIMINWEIBEN” SIXIANG YU JIBEN RENQUAN BAOZHANG GUJIN FAZHAN YANJIU

吕怡维 著

策划编辑 宋杰鹏

责任编辑 宋杰鹏

装帧设计 臧晓飞

出版发行 法律出版社

编辑统筹 法律出版社

责任校对 杨锦华 裴 黎

责任印制 胡晓雅

经　　销 新华书店

开本 710 毫米×1000 毫米 1/16

印张 12.25 **字数** 163 千

版本 2022 年 12 月第 1 版

印次 2022 年 12 月第 1 次印刷

印刷 唐山玺诚印务有限公司

地址:北京市丰台区莲花池西里 7 号(100073)

网址:www.lawpress.com.cn

投稿邮箱:info@lawpress.com.cn

举报盗版邮箱:jbwq@lawpress.com.cn

销售电话:010 - 83938349

客服电话:010 - 83938350

咨询电话:010 - 63939796

书号:ISBN 978 - 7 - 5197 - 7313 - 7 **定价**:78.00 元

前　言

当今世界，人权已是无法回避的话题。各国均已将人权入宪，人权已经取得国际社会正统性理念的地位，成为衡量国家治理和国际行为合法性的基本准则之一。然而，衡量一个国家的人权状况，需要在什么是人权、如何客观认识该国的人权状况和人权保护措施这样一个既体现人权的普遍性又须得顾及人权的多样性的问题上找到一个合适的平衡点，这恰恰是最大的难题。基于不同的历史文化传统形成的不同制度、观念和不同的经济与社会发展状况的影响以及对国家利益的现实考量等各种因素交织在一起，使不同国家在人权的认知和评价上高度复杂化。西方国家将从西方历史与文化土壤中生长起来的，与其政治体制、制度和国家利益密切相关的以个人本位的"自由权利"为核心的人权思想和人权话语拓展为具有"普遍意义"的人权标准，并借助由西方国家主导下形成的国际规则、制度和机制"影响各国人权保障理念、制度设计和行为范式"①，甚

① 毛俊响：《从西方人权话语拓展看中国人权话语的国际化》，载《法学论坛》2021年第2期。

至对他国人权问题肆意干预和裁定。正因如此,人权领域的博弈和争论长期存在。

实事求是而言,近代人权概念的确是西方文化的产物,"特别是包含固有观念和规范与制度标准的人权文化——是西方历史、文化和传统的产物"①。学术界基本达成一致的看法是:"17—18 世纪启蒙思想家们所讲的'人权'是指'自然权利';而'自然权利'的概念来自'自然法','自然法'的概念又来自'自然'。这一过程(即从自然到自然法,再到自然权利和人权)在西方思想史中经历了从古希腊到 17—18 世纪的漫长时期。"②经过格劳秀斯、霍布斯、斯宾诺莎、洛克、卢梭、孟德斯鸠等启蒙运动思想家改造、整合构建而成的、以个人本位的"自由权利"为核心的系统化人权学说在资产阶级革命胜利后实现法律转化,成为宪法原则和法律权利,并通过欧美资本主义发达国家的文化扩张向全世界传播。对于启蒙思想家构建的"自然权利"人权思想理论,马克思在《犹太人问题》《黑格尔法哲学批判导言》等文章中,早已明确指出是为"市民"阶级即资产阶级的诉求和发展量身定制的,从本质属性而言确实是资产阶级的。虽然其在人类社会发展的历史进程中发挥过积极作用,但其固有的历史局限性和阶级局限性也是十分明晰的,并随着历史发展其引发的社会矛盾日渐尖锐。

我国学术界开始正面研究人权理论时遇到的一个重要问题是:能够从系统的学理角度提供参考的理论蓝本,几乎只有西方人权理论。虽然学术界也十分注意在研究中对西方人权思想理论采取扬弃的态度,但在学术思想上完全不受其影响并不是一件容易的事情,一些学者不知不觉地搬用"西方的理论框架、概念、范畴和命题来研究中国"③,将其作为学术标准来认识和把握,认为"人权思想是以个人的尊严和自由为特定内核的"④,非此即不能算作人权思想。这样一来,人权思想研究难免落入以

① 齐延平:《论回归生活世界的人权文化》,载《人权法学》2022 年第 2 期。

② 沈宗灵:《人权思想历史发展的几个理论问题》,载《北京大学学报》1992 年第 2 期。

③ 苏力:《法治及其本土资源》,中国政法大学出版社 1996 年版,第 217 页。

④ 徐显明主编:《人权法原理》,中国政法大学出版社 2008 年版,第 2 页。

个人“自由权利”为核心的人权话语命题的窠臼。有的学者根据西方话语表述来进行人权法理溯源,这一追溯就只能一条道路通到古希腊、古罗马,从西方人权文化审视的角度“极容易得出中国传统文化中缺乏‘权利’、‘人权’理念的结论”①,认为“中国传统文化当中没有产生人权概念……人权理念主要来自西方社会”②的学者并非个别。可想而知,如果在这样的理论框架束缚之中的人权话语,在国际人权实践中难免不受制于人。

笔者在英国诺丁汉大学读博期间,阅读了大量中、外人权研究文献,意识到作为西方社会人权法制理论基础的“自然权利”学说即便在西方学术界,也已经遭到广泛质疑甚至否定,人权发展“本土化”的趋势已逐渐形成。一些西方学者也主张理解人权的方法“应当寻找那些可以使普遍性与地方性得以结合的方式”③,注意到“中国的权利话语无论在历史和概念方面都独具特色”④。通过阅读和深入研究中国古代文献,笔者深深感受到中国自古以来就有自己的权利意识和人权思想理念,只要我们从中国古文献自身的语境中去体会其所表达的内容,就会清楚地看到自先秦以来,中华文化中人权思想和人权实践的传承和发展,其可谓史不绝书,只是没有如“权利”“义务”“人权”等明确的现代法学术语的表述而已。

十分明显,当前我们需要在批判的基础上脱离外部“权威”,摆脱当今中国人文社会科学对于外来话语体系的“学徒状态”⑤,建立“自我授权”⑥的本土人权知识体系。而建立中华本土的人权思想和话语体系的基础在于,摒弃单纯从西方个人本位的“自由权利”为核心的人权理念中

① 周刚志:“新中国人权70年:道路、实践与理论”研讨会,中央广电总台国际在线,2019年5月10日。

② 孙强:《改革开放以来马克思主义人权理论中国化研究》,中央编译出版社2013年版,第160页。

③ [美]安靖如:《人权与中国思想——一种跨文化的探索》,黄金荣、黄斌译,中国人民大学出版社2012年版,第1页。

④ [美]安靖如:《人权与中国思想——一种跨文化的探索》,黄金荣、黄斌译,中国人民大学出版社2012年版,第3页。

⑤ 吴晓明:《论当代中国学术话语体系的自主建构》,载《中国社会科学》2011年第2期。

⑥ [英]柯林伍德:《历史的观念》,何兆武、张文杰译,中国社会科学出版社1986年版,第268页。

所派生出来的人权思想判定标准，将人类社会发展实际与中华大地历史文化发展的特点相结合，构建中国特色的人权判定标准的话语。

启蒙运动思想家构建的以个人“自由权利”为核心的“自然权利”人权理论，认为人权是由“自然法”的超验权威支撑。然而“自然法”作为当时的思想家们构建的一种形而上的理念，并不是真实的物质世界在思想意识上的反映，故而建立在形而上（无论是神学还是自然法）的西方传统人权理论，越发受到广泛质疑。[①] 因其“与社会实践经验平行而不相交，先于后者而自行独立，这显然是经不起现代科学主义和实践主义的诘问的”[②]。

第一，人权思想的渊源问题。儒学经典《礼记·礼运》对“大道之行天下为公”的“大同”社会的描述，到底是汉代儒生们乌托邦式的幻想，还是对人类历史上曾经出现过的社会状况饰以理想色彩的描述？这种“大道之行也，天下为公。选贤与能，讲信修睦，人不独亲其亲，不独子其子；使老有所终、壮有所用、幼有所长、矜寡孤独废疾者皆有所养。男有分，女有归。货恶其弃于地也，不必藏于己，力恶其不出于身也，不必为己……是谓大同”[③]的社会，难道不正是对被一度称为“原始共产主义”的初民社会“共同劳动、共享劳动所得，无私有财产、无剥削压迫”状况的客观描述？如果没有先民们对这种曾经出现过的社会形态以口述历史的方式代代相传，汉儒们是不大可能凭空想象出来的。分析“大道之行”的内容，通篇正是围绕人们（个人和群体）的生存、发展（人的繁衍是最基本的发展问题）在阐述人们的权利和义务。而今天中国的人权话语中，民众的生存权、发展权恰恰是首要的基本人权。在马克思主义关于社会发展史理论的视角中认识问题，正是在严酷的“自然选择”的压力下，初民社会为生存和繁衍形成这样的规则，久而久之，便成为了初民社会的“习惯法”。十分明显，初民社会的这种人们群体，既恪守“以民（成员群体）为

---

① See Jack Donnelly, *Universal Human Rights in Theory and Practice*, Cornell University Press 2013.

② 齐延平：《论回归生活世界的人权文化》，载《人权法学》2022 年第 2 期。

③ （清）阮元校刻：《礼记注疏》卷 21，《十三经注疏》，中华书局 1980 年版，第 1414 页。

本”,也奉行“以人(成员个体)为本”的原则。这种习惯法延伸到“国家”形成初期,被升华为“民为邦本,本固邦宁”[①]、“民之所欲,天必从之”[②]的“以民为本”的治国思想,而“以民为本”又是以“必须保障民众最起码的生存权和发展权”为核心理念和基本原则的。这就不能仅仅将“以民为本”思想解读为出自“人性”“人道主义”的“养民”思想而否认其蕴含着对民众最基本权利的承认,这就是中华本土人权思想的起源。

第二,人权保护形成的时间问题。西方思想史认为是经过霍布斯、格劳秀斯等启蒙运动思想家们的构建,才形成了系统化的“自然权利”人权学说。经过资产阶级革命后,“自然权利”才转变为宪法权利和法律权利,而且是以个人“自由权利”保护为首要体现形式,因而讲人权保护必称“宪政国家”。这里就产生了一个问题,保护人权是“宪政国家”才具有的职能还是“国家”从一产生时就具有的职能？马克思主义并不是按启蒙运动思想家的“社会契约”理论来认识国家的产生的。恩格斯在《家庭、私有制和国家的起源》一文中,明确指出国家是使“经济利益互相冲突的阶级,不致在无谓的斗争中把自己和社会消灭”而产生的“把冲突保持在‘秩序’的范围以内”[③]的力量。也就是说,“国家是从控制阶级对立的需要中产生的”[④],如果我们坚持“完整、准确”地去领会恩格斯的这一经典论述,就会认识到在阶级矛盾无法调和的社会中,既要维护统治阶级的利益,又要把阶级冲突“保持在‘秩序’的范围以内”以免“在无谓的斗争中把自己和社会消灭”的“国家”,就必须发挥这样一种职能:在维护剥削和压迫的既定“秩序”(所谓保护特权)的同时,调节剥削压迫的“度”。而这个“度”,就是必须保障民众最起码的生存权与发展权这一基本人权。否则,“国家”就没有必要产生。如果,“国家”未能把握好“度”,让剥削压迫超过了民众能够承受的底线,“把自己和社会消灭”就势所难免。因此,中国先秦时期就已经产生“以民为本”——“必须保障民众最起码

① (清)阮元校刻:《尚书正义》卷7,《十三经注疏》,中华书局1980年版,第156页。
② (清)阮元校刻:《尚书正义》卷11,《十三经注疏》,中华书局1980年版,第180页。
③ 《马克思恩格斯选集》(第4卷),人民出版社1972年版,第166页。
④ 《马克思恩格斯选集》(第4卷),人民出版社1972年版,第166页。

的生存权与发展权”的思想，所体现的正是恩格斯所定义的“国家”必须具有的基本职能。如果把“国家”必须承担的看作“义务”，那么与这种义务相对应的自然是“权利”。因而，“必须保障民众最起码的生存权与发展权”的理念，建立在首先承认民众拥有这个最基本权利的基础上，是具有鲜明人权属性的理念。

如果客观地去比较西方人权思想起源和《礼记·礼运》对人权思想起源的描述，哪一种更普遍符合人类社会发展的真实情况呢？西方人权观虽然在发展过程中出现过人权源自理性说（理性出自“自然”、受“自然法”支配）、人权基于自由意志说、人权基于人的尊严说以及自然权利等种种学说，但“都可归于先验论人权观谱系中”①，成为西方资产阶级革命后所建立的“人权法制”理论基础的重要组成部分。而《礼记·礼运》对人权思想起源的描述，显然出自对现实社会的认识和经验，属认识论范畴。

其实，并非仅仅是中华民族的先民，而是世界各个民族的先民都经历了《礼记·礼运》所描述的那样一段因循“以人为本”“以民为本”的“习惯法”的漫长历史时期。然而只有中华民族的先民，早在三千年之前就将此“习惯法”总结提升为一种政治哲学思想，并在治国理政中进行了法律转化。虽然随着阶级社会的发展和社会矛盾的复杂化，“以民为本”逐渐从阶级分化之前的初民社会时期必须自觉遵守的原则（习惯法），嬗变为统治集团调节阶级矛盾、将阶级冲突保持在“秩序”范围以内的所谓“助官治民”的统治手段，但因其在社会意识中已具有根深蒂固的影响，成为固本安国的传世箴言，几乎在整个古代社会历朝历代的治国理政中，在大多数时候能够坚持将“必须保障民众最起码的生存权和发展权”作为维护正常统治秩序、免于“把自己和社会消灭”的不可逾越的底线，其对中国历史发展和中华民族心理意识塑造产生的作用是不可低估的。

深入挖掘本土文化资源，提炼中华文化中的人权思想，是构建中国人权话语体系的本土传统文化基础。如果我们对中华文化中几千年相传相

---

① 齐延平：《论回归生活世界的人权文化》，载《人权法学》2022年第2期。

继的“以民为本”的人权思想和法律转化，及其在中国历史发展中产生的保护基本人权的作用与深远影响缺乏应有认识和深入研究，仅仅将其归宗于“人性”“人道主义”而否定其人权属性，中国人权话语体系将痛失本土文化底蕴的正当性和厚重感。中国人权话语体系的完善需要“深入挖掘和阐释中华文化蕴含的以民为本、以人为本的思想”①，正如有识之士所指出的：“中国人权学界一直对中国难以形成一套与西方旗鼓相当的人权理论体系而焦虑，其实大可不必。”②致力于深入研究和阐释中国文化中具有鲜明人权属性的思想理念、法律转化以及贯古通今的发展轨迹，构建能够体现本土传统人权文化与新时代“以人民为中心”思想引领下的人权实践贯通连接的中国特色人权话语体系，向世界讲好中国的人权故事，是新时代、新形势赋予我们的光荣任务，也是笔者完成这个研究项目的初衷。

吕怡维

2021 年 2 月 20 日

① 黄坤明：《在纪念〈世界人权宣言〉发表 70 周年座谈会上的讲话》，载国务院新闻办公室网 2018 年 12 月 10 日，http://www.scio.gov.cn/tt/hkm/Document/1643232/1643232.htm。

② 齐延平：《论回归生活世界的人权文化》，载《人权法学》2022 年第 2 期。

目录

绪　论

一、问题的提出

在中华传统文化中，“以民为本”思想又被称作“民本主义”，自先秦以来数千年绵延不绝，对中国的历史与社会的发展和中华民族的心理意识、道德价值观念的塑造均产生了十分重要的影响。这样植根于中华文化土壤、传承数千年历经曲折而不中断、与时俱进又焕发出新的时代精神的优秀传统，在世界上其他国家和民族的文化传统中是极为罕见，甚至可以说是绝无仅有的。然而，综观近代以来，学人对“以民为本”思想研究虽然成果累累，但由于受到时代的局限，其认识是否到位、研究是否全面、分析是否透彻、结论是否科学、是否有必要开展跨学科领域的拓展研究等，都是需要从新的视角进行审视和思考的。例如，前人对“以民为本”的“民本主义”的研究，基本上归类于政治哲学范畴，归宗于“人性”“人道主义”“民生”等，且研究的内容多在“应然”中徘徊，其在“实然”中如何转化为国家政策甚至法律行为，则极少有人论及。又如，中国古代的“以民为本”思想是否从西方主导的人权文化的角度下，只体现为“人性”“人道主义”，而与“人权”思想无关？或仅仅只能算作“人权思想的萌芽”？总之，自先秦以来“以民为本”思想如何源起、如何发展、如何嬗变、在建设中国特色社会主义的新时代如何完成其思想内涵的历史性变革以及“以民为本”思想指导下的治国理政的实践行为、“以民为本”思想是否具有人权属性而非仅仅是“人权萌芽”等问题，有的前人虽有论述但远非题无剩义，有的在前人研究中甚至尚未涉及。因此，拓宽视域，与时俱进，守正创新，更加广泛深入地研究“以民为本”思想发展历史，“深入挖掘和阐释中华文化蕴含的以民为本、以人为本的思想，深入研究和总结中国人权发展的新实践新认识，提炼出具有说服力、感召力的人权概念、范畴和表述，努力建设富有中国特色、具有世界意义的人权理论体系，真正使中国人权话语变成世界人权话语”①，从而提升我国的话语权，为构建人类命运共同体，推动形成更加公正、合理、包容的全球人权治理，是我们应当去努力完成的任务。

二、本书的学术价值和应用价值

（一）国内外相关研究的学术梳理及研究动态

1. 关于“以民为本”思想的研究

“以民为本”的民本主义思想作为儒家学说的主要内容之一，在国家治理与中华文化构建中发挥了极为重要的作用，阐释和研究者绵绵三千年不绝于史，从先秦诸子百家到近代孙中山、梁启超、胡适、钱穆、萧公权、徐复观等，其著述可谓汗牛充栋、举不胜举。近人如我国台湾地区学者金耀基的《中国民本思想史》②即为研究相对深入的一部学术专著。但上述研究大多从政治哲学角度进行阐释，亦有不少将民本问题与民权问题联系起来研究分析，对孙中山的“民权主义”体现的民本精神给予极高的评价。像金耀基在《中国民本思想史》中将民本主义从先秦至近代的发展

① 黄坤明：《在纪念〈世界人权宣言〉发表 70 周年座谈会上的讲话》，载国务院新闻办公室网 2018 年 12 月 10 日，http://www.scio.gov.cn/tt/hkm/Document/1643232/1643232.htm。

② 金耀基：《中国民本思想史》，法律出版社 2008 年版。

划分为六个时期进行系统研究论述者并不多见,但其因指导思想,对民本主义的源起与嬗变等问题的看法也是值得商榷的。除此,“以民为本”的民本主义思想有否转化为实然的国家政策和法律,在治国理政中有哪些具体体现?近人研究成果中似未多见。

由于文化差异,西方学术界研究中华传统文化中的民本主义思想的知名者不太多,一些有识之士对民本主义思想之要旨虽不能确切道出,但有似曾相识的感觉。如美国学者洛弗尔(B. Laufer)1932 年在《科学的美国》上发表《中美的接触点》一文,称孟子已倡“民贵君轻”之大义,自秦废封建,取缔贵族,中国即为民治的社会。虽然洛弗尔将民本主义思想混同于西方所谓的“民治”(by the people)并不妥当,但其对中华传统文化中的民本思想确有很强烈的感触。日本学者因地缘和文化渊源,对民本主义思想的理解则更贴切一些。

2. 关于人权问题的研究

国内学界正面研究人权起步较晚,但三十多年来研究成果颇丰。通过“人权”一词的中文检索,国内有关人权的著述逾万。大体可以分为:阐释中国共产党历代领导核心的人权思想;阐释新中国不同时期保障和改善人权的措施和成效;研究马克思主义人权理论及其中国化问题;驳斥西方对中国人权问题上的攻击;比较中、西方人权思想的各自特点及其社会历史原因等。一些重点研究项目如“中国特色人权发展道路研究”(首席专家薛进文)、“中国特色社会主义人权理论体系研究”(李步云主持)等被列为国家社科基金重大项目和中国人权研究会重点项目。近年来,中国人权话语权问题探讨为学界所关注,相关文章发表四百多篇,较有代表性的如常健在《求是》杂志上发表的《以发展权为核心重构人权话语体系》(2017 年第 14 期)、鲁广锦在《人权》杂志上发表的《当代中国人权话语的构建维度和价值取向》(2020 年第 4 期)等。

近年来西方学界也有一种多元主义观点认为中国的人权主张存在真理的内核——中国文化、历史和哲学中蕴含独特的人权价值,忽视它们而放大“普遍主义”是一种不对等的西方文化霸权主义。极少数持有此类观点者的着眼点是跨文化交流,推崇中西方之间在平等包容的基础上扩大彼此的人权共识，代表作有美国学者安靖如著的《人权与中国思想——一种跨文化的探索》①等。但综观国外学者关于中国人权问题的著述，能认识到中华文化、历史、哲学中蕴含人权价值者本已十分稀缺，更进一步深入中华文化内层、注意到“以民为本”的民本主义思想与人权的关系并进行深入探讨者，似未曾见到。

3. 本书研究的特点

在进行相关研究及动态综述时需要特别指出的是，本书并非纯粹的民本主义研究或者人权研究。本书是要在前人“以民为本”的民本主义思想和人权研究的海量成果的基础上，进而研究“以民为本”思想在中国古代治国安邦中的政策与策略属性、法律转化以及与“生存权、发展权”这一“首要的基本人权”保障的关系。按目前的学科分类，“以民为本”思想研究归类于政治哲学，治国安邦政策与策略研究归类于政治学，而治国思想及方略的法律法规转化研究与人权研究归类于法学，本书属跨学科研究范畴，但侧重从法学专业的角度开展研究。

（二）本书的学术价值和应用价值

中华文化中“以民为本”思想从政治哲学角度的研究几乎已是题无剩义，多是探讨其“治国之道”的应然之义，而对其如何嬗变为“治国之术”的实然之义则未遑多顾。本书不但从政治学角度去研究“以民为本”思想在中国古代社会所具有的“治国之术”的策略属性，分析其由“治理之道”嬗变为“治理之术”的社会历史原因及过程，而且从法学角度研究其在先秦时期国家治理中本身所具有的法律属性，以及秦、汉以来转化为治国理政的法律法规的方式、途径及付诸实践的主要国家行为。

学术界研究“以民为本”思想的著述虽多，而将其作为中国古代人权思想来认识的则较为稀少。学贯中西的近代国学大师梁启超，对中华民本主义思想和西学东渐传来的人权问题均有精到的见解。其对中华民本主义思想评价虽高，但对民本主义如何转化为治国理政的法律

① ［美］安靖如：《人权与中国思想——一种跨文化的探索》，黄金荣、黄斌译，中国人民大学出版社2012年版。

法规则并未多述及。梁启超先生似乎也受到西方近代人权思想理论的影响，仅将中国古代民本主义归入“人道”“民生”范畴，并不认为中国古代的“以民为本”治国思想与人权有直接的关系。孙中山先生的“民权主义”“民生主义”阐述都相当接近人权主题，可惜未能直接联系人权进一步作出理论突破。国内当代学者研究人权问题的著述逾万，吴忠希是罕见地提出中国古代“形成和产生”了早期人权思想的学者。其所著《中国人权思想史略：文化传统和当代实践》将中国古代民本主义作为“中国古代人权思想的发端”①的思想元素之一，可惜未能对“以民为本”治国思想与人权的关系展开深入研究。

本书的又一重要目标是深入探讨“以民为本”的治国思想与人权的关系。西方人权思想从受“自然”“自然法”影响产生的古希腊的权利观、古罗马的正义观到启蒙思想家们的“自然权利”“社会契约”再到英国1679年《人身保护法》、1689年《权利法案》，美国1776年《独立宣言》、1787年《宪法》及其修正案，法国1789年《人权与公民权利宣言》等著名的人权文献发展下来，都是以彰显个人主义之“我”为核心，以“争”（针对以政府为代表的公权利，以限制、申索为主要方式）为基本精神，并已成西方“自由主义价值体系”的重要组成部分，以个人本位的“自由权利”被置于首要和核心地位，在西方世界基本上是作为整个社会的共识和价值而存在。当我国在20世纪八九十年代正面研究人权问题时，不得不首先以西方人权理论为主要研究对象。实事求是地讲，在面对强势的西方人权理论时，如果没有一套建立在自身学理基础上的贯古通今的完整体系，要从学理角度质疑和抗衡西方人权理论是非常不容易的。在西方人权思想的影响下，正如徐显明先生指出的，我国学术界中持“人权思想是以个人的尊严和自由为特定内核的”②观点的恐怕不在少数。当我国在国际人权领域与以美国为首的西方国家进行博弈时，有学者也提出在中、西人权思想中寻找接合部、共同点的设想。然而，实现此种设想恐怕并非易事。

---

① 吴忠希：《中国人权思想史略：文化传统和当代实践》，学林出版社2004年版，第20页。

② 徐显明主编：《人权法原理》，中国政法大学出版社2008年版，第2页。

西方人权思想植根于西方历史文化的土壤之中，与中华传统文化差异甚大，尽管有其局限性和狭隘性，且至今仍有许多内容呈众说纷纭之状，但其基本主张已成西方国家所遵奉的“自由主义价值体系”的核心内容之一，与其构建和主导的世界秩序关系紧密，在国际人权领域一直居于强势地位，并成为以美国为首的西方国家推行其外交政策的重要工具。我国同以美国为首的西方国家在人权领域的博弈，实质上是制度模式和价值观念的交锋。如果想要实现以集体主义为核心价值、在首先保障群体基本人权中去实现个人人权的中华人权思想与首先强调保障“个人的尊严与自由”的西方人权思想的融通，必然有漫长、艰难的路要走。历经几千年形成的历史文化传统及在其浸润下形成的社会意识，不经过漫长历史性的社会进步和文化的交流与交融，未可轻言改变。随着占全世界人口80%的发展中国家自身的人权发展诉求日益加强，国际人权发展冲破西方人权霸权主义的“本土化”趋势已日渐凸显，以习近平同志为核心的党中央根据中华民族自身的文化传统和新时代发展中国特色社会主义法治理论的需要与参与、推动、引领国际人权发展“本土化”潮流的时代要求，明确提出“生存权、发展权是首要的基本人权”“人民幸福生活是最大的人权”①的中国特色人权思想。阐释中国自己的体现“以人民为中心”核心理念的人权思想，提升中国的人权话语权，使中国的人权话语变成世界的人权话语，是现阶段我国人权理论研究者认真思考和努力完成的首要任务。

“人权思想是以个人的尊严和自由为特定内核”的人权判定标准虽然对西方社会心理意识具有适用性，但并不必然具有普遍性意义。如果我们的人权概念不从学理上摆脱这一思维定式的束缚，那就无异于承认中华文化中根本就不存在人权概念或人权思想，人权只能是近代西学东渐时从西方传入中国的“舶来品”，并陷入只能在西方人权理论预设的框架中去认识“人权”和“人权思想”，进而在人权话语上居于西方话语从属

① 黄坤明：《在纪念〈世界人权宣言〉发表70周年座谈会上的讲话》，载国务院新闻办公室网2018年12月10日，http://www.scio.gov.cn/tt/hkm/Document/1643232/1643232.htm。

地位的被动局面。

只要我们突破西方人权理论的单一标准,坚持人权思想理论也“不能脱离特定社会政治条件和历史文化传统来抽象评判,不能定于一尊”①的原则,就会发现“生存权、发展权是首要的基本人权”的思想,在中华文明传承中早有渊源。这就是从先秦时期就产生和不断发展的“以民为本”的民本主义思想。西方人权思想从古希腊、古罗马肇源到启蒙思想家的“自然权利”说,再到欧美资产阶级革命时期出现的一系列“法案”“宣言”,其内容在不同国家、随时代不同而不断调整变化。而中国具有五千年未曾间断过的历史文化,“以民为本”的人权思想从肇源、形成及其后几千年的传承中,其保障生存权、发展权这一首要的基本人权的核心思想就一以贯之,从未动摇,极具历史的厚重感。本书的目标即阐释自先秦以来不断发展、至汉代形成系统的、具有相当理论高度的、以保障民众最起码的生存权、发展权这一基本人权为主要目的的“以民为本”思想的人权属性及其对中华历史发展产生的巨大影响,用“以民为本”思想将中华传统的“民生”问题与中国本土的“人权”问题贯通起来进行认识和研究,努力为习近平总书记提出的“人民幸福生活是最大的人权”以及我国在当前国际人权事业发展中一贯坚持主张的“生存权、发展权是首要的基本人权”的中国人权话语提供有力的佐证,为构建具有厚重的历史文化底蕴的新时代中国特色社会主义人权理论体系提供学理支撑。

进入阶级社会以来,传统的“以民为本”思想与中国古代基本人权保护关系密切,对中华文化和中国社会影响很大,但由于其并非基于人民立场,无法实现“以人民为中心”,故而其对人权的保障具有十分明显的时代局限性。本书试图通过对“以民为本”思想法律转化及社会成效作出贯古通今的研究,尽可能清楚地勾画出这一重要思想及其法律转化与功能实效的历史脉络,进而凸显中国共产党成立以来特别是党的十八大以来,以习近平同志为核心的党中央对这一传统思想内涵的本质性改造,对

---

① 习近平:《决胜全面建成小康社会 夺取新时代中国特色社会主义伟大胜利——在中国共产党第十九次全国代表大会上的报告》,人民出版社2017年版,第36页。

推进中国特色社会主义法治体系建设与人权事业发展产生的重大意义与历史作用。

本书将努力为实现上述目标做出自己的一点贡献。

三、研究对象和总体框架

(一)研究对象

本书主要研究“以民为本”治国思想与民众生存权、发展权这一首要的基本人权保障的关系。阐释中国古代“以民为本”治国思想的渊源、产生、发展、嬗变并形成系统化理论的过程、转化为法律法规的方式和途径及其与中国古代社会民众生存权、发展权这一首要基本人权保障的密切关系,分析古代“以民为本”治国思想由“治理之道”向“治理之术”嬗变以及近代转到反帝反封建方向的社会历史原因和过程,探讨新中国成立后,在社会主义制度保障下的“以民为本”对我国人权事业的推动、经历国际人权领域的参与和博弈、我国人权思想核心内容的确立以及党的十八大以来在“以人民为中心”核心理念引领下,对“以民为本”思想内涵所完成的历史性变革,从而勾勒出贯古通今的、以保障“人民生存权、发展权这一首要的基本人权”为核心的具有中华本土特色的人权思想、人权文化和人权话语体系的构架。

(二)总体框架

本书主要内容分以下 7 个部分。

1. 中国古代社会的“权利”意识与“基本人权”概念

中国古代社会同样存在权利意识,其权利意识具有自身的特点,不能以西方权利意识作为唯一标准来否定中国古代社会权利意识的客观存在。“人权”和“人权”思想的中国话语阐释亦应受到尊重。生存权、发展权为首要的基本人权具有自身的学理依据。通过完整、准确地理解马克思主义的“国家”学说,认识到保障民众最基本的人权,不仅仅是“宪政国家”,而是“国家”的职能,为中国古代早已存在人权概念和人权实践从政治学角度奠定了理论基础。

2. 中国古代“以民为本”治国思想理论的形成

中、西方人权话语中的“天赋人权”具有不同的含义，中国话语中的“天赋人权”并非启蒙思想家所谓的“自然权利”的贴切阐释。中华传统文化中，君权经历了由“民赋”说到“天赋”说的嬗变。从学理角度而论，西方人权标准并不具有普遍意义，而中华“以民为本”思想具有鲜明的人权属性，其核心就是要保障民众最基本的生存权和发展权。“以民为本”思想在先秦时期从肇源、发展、嬗变直至汉代完成了系统化、理论化升华。

3. “以民为本”治国思想的法律转化

中华法文化具有不同于西方法文化的特点，先秦“以民为本”治国思想具有实法功能。从法理角度论，中国古代法制中具有自己的“程序法则”和“制度操作”，中国古代基本人权保障中同样体现了程序法则和制度操作。“以民为本”治国思想在保障民众最起码的生存权和发展权的法律转化中具有不少政策法规的具体体现。

4. 近、现代“以民为本”思想的演进

近代欧洲启蒙运动中反对封建专制思潮高涨，同时代黄宗羲等思想家也产生了反对封建专制的思想。黄宗羲等人反对封建专制思想的产生有其本土的政治原因，与欧洲反封建思潮高涨并无直接联系，但却标志着“以民为本”思想开始转向反封建的轨道。“鸦片战争”之后，中华民族面临空前危机，半殖民化进程加剧中，基本人权保障遭到进一步破坏，激发了传统的“以民为本”思想朝着“反帝反封建”方向演进。以康有为为代表的近代改良派和以孙中山为代表的革命派均表述了自己的基本人权保障思想，但因历史条件的限制均无法付诸实践。中国共产党领导的新民主主义革命中，“以民为本”传统开始发生体现“以人民为中心”理念的历史性变革，并在一定的范围内进行了大量的人权保障实践。

5. 新中国人权事业的发展与辉煌成就

新中国召开的政治协商会议颁布的《中国人民政治协商会议共同纲领》（以下简称《共同纲领》）具有国家根本大法的性质，以及其后制定的1954年《宪法》，为新中国人权事业的发展、为开展真实而充分体现“以民为本”精神的社会大变革奠定了制度基础。以土地改革为重点的各项民主改革顺利开展,人权事业的发展取得显著进步。新中国在国际人权事务的逐渐参与中对主权观与人权观不断循序调整,并在20世纪末发展成熟。改革开放后通过解放思想从理论上正面认识“人权”,我国人权事业在新的历史时期获得全面发展。

6.“以民为本”思想历史性变革的完成与人权事业发展的提速

党的十八大以后,通过认真总结历史正反两个方面的经验,在全面推进依法治国、建设中国特色社会主义法治体系的进程中,以习近平同志为核心的党中央根据“以人民为中心”的核心理念,确立了“立法为民”的原则,完成了“以民为本”思想的历史性变革。至此,“以人民为中心”的系统性人权理念形成,我国人权事业发展全面提速,成就辉煌。

7.“以民为本”人权核心理念与人权发展本土化的理论思考

着重从理论角度对阶级分化后,中华先民基于认识论而传承初民社会的“习惯法”、形成集体本位的“以民为本”传统核心价值和欧洲先民转而接收基于先验论的“自然”理念而传承个人本位“自由权利”的传统核心价值进行阐释,清楚认识中、西方文化基因存在的重大差异及其在人权活动中产生的影响;对学术界关于传统的“民本主义”的两种不同评价的片面之处进行了解析;对新时代“以民为本”思想发生的具有本质意义的变革进行深刻认识。从理论上探讨长期以来国际社会和机构对于人权的推动仍然缺乏如何契合世界多元的历史、文化、社会、政治需求,造成国际与国内脱节、人权标准和规范的普遍确立而非普遍执行的根本问题。阐释了在寻求解决途径的过程中,相较于过去促进人权普遍性的目标,学术界也越发关注和探索如何促进人权回应本土诉求和问题方面的有效性,各国政府、学者和国际机构越来越关注人权“本土化”发展趋势和适应措施,以及中国应当充分利用自身在人权发展中理念、成就和经验方面的优势和影响力,积极推动并引领这一反映人权发展正确方向的历史潮流。

四、基本思路和研究方法

(一)基本思路

本书研究首先扼要分析西方人权理论自身鲜明的历史文化特点,从学理角度论定西方人权理论虽然有其自身的文化渊源并产生过积极的历史作用,但在多元文化的当今世界并不具有绝对普遍性意义;通过分析历史文献阐释中华法文化中的“权利”意识和“人权”概念;运用马克思主义的国家学说和社会发展史学说,阐明“以民为本”思想源于阶级分化之前初民社会的“习惯法”;对古代“国家”既是统治阶级特权维护者,同时又具有保护民众最起码的生存权、发展权这一基本人权的职能(“国家”必须承担的“义务”)进行理论阐述。在此基础上,阐释“以民为本”的民本主义思想自先秦以来的不断丰富和发展,直至董仲舒以“天人感应”学说集民本主义思想之大成,并将其改造成系统化、理论化程度很高的思想理论,作为取得独尊地位的儒家学说的重要组成部分,成为以后历朝治国理政的重要指导思想,其基本内核就是“国家”必须保障民众最起码的生存权、发展权;同时阐释中国古代“以民为本”治国思想的策略属性及其转化为实法的方式、途径及实施效能。本书最后将阐述中国共产党对“以民为本”思想的传承与超越,特别是党的十八大以来,以习近平同志为核心的党中央在“以人民为中心”理念的引领下,在建设中国特色社会主义法治体系和发展中国特色社会主义法治理论中,对“以民为本”思想的内涵进行了全新的定义,完成了“以民为本”思想的历史性变革,为新时代具有中国特色社会主义人权思想理论体系的构建指明了方向。

(二)研究方法

按目前惯常的学科范畴归类,人权问题归类于法学学科,而“以民为本”的民本主义思想归类于政治哲学。但目前许多哲学社会科学问题如果不运用多学科的知识和理论进行研究则难以洞见真谛。本书将在马克思主义的历史唯物主义理论指导下,综合运用法学、历史学、政治学、社会学和国际关系等学科的理论、知识与研究方法进行研究和分析,特别会注重在研究中从学术角度实现法学与政治学的对接,以加深对“以民为本”思想在治国理政中的表现形式和实际作用的认识。本书主要采用文献研究法(中、外文献),适当地辅之以比较研究法和田野调查法(社会调查)进行研究。

第一章　中国古代社会的“权利”意识与“基本人权”概念

一、中国古代社会的“权利”意识

长期以来，如果以西方人权理论为评判标准审视中国古代社会得出的所谓“中国没有产生权利意识”“中国传统文化中没有产生人权思想”的结论是不够客观、不够科学的。中国古代社会具有“以‘不争’胜‘争’”的权利保障意识、“等差”权利意识、重“群体权利”意识等特点，与从古希腊、古罗马就开始形成的以强调个人权利为显著特点的西方法文化传统有较大差异。

（一）“权利”的认识

近代西学东渐以来，西方的学术话语霸权对中国学人的影响是不可低估的。从哲学的认识论和逻辑学角度而言，对某个事物说“有”容易而说“无”甚难。该事物即便极度罕见，但只要有一件被发现，此即为“有”；而该事物不论何时何地均绝无发现，方可言“无”。中华传统文献中确实未见“权利”“人权”字样，西方学者对博大精深的中华文化研究不深、理解不够透彻且以“文化优越”自负、习惯于在他们自己建构的人权“坐标系”中评估中国社会无权利意识、无人权意识，其实是一种将与己的差异当成缺失的偏见。只要我们认真地深入挖掘和合理阐释中华文化蕴含的“以人为本”“以民为本”的思想，我们就会发现，实际情况并非如此。

关于“权利”的源起，我国学术界是有过争论的，争论的焦点在于权利源于何时？人类社会在进入“国家”阶段之前，是否存在权利现象？权利是否只限于“法律权利”？对于这个问题学者们各抒己见，仁者见仁，智者见智。笔者个人倾向于这样一种认识：马克思说，“人的本质并不是单个人所固有的抽象物，在其现实性上，它是一切社会关系的总和”①。人是作为“社会的人”而存在。既是社会的人，自然就会结成一定的相互关系，康德认为权利概念首先涉及“一个人对另一个人的外在的和实践的关系。因为通过他们的行为这个事实，他们可能间接地或直接地彼此影响”②。在这种“彼此影响”中，必然会产生与义务相依托的权利意识。“个体人的意识正是权利意识和义务意识的结合。权利和义务分别构成了个体人在社会关系的框架里界定自己的角色和地位的两大支点。”③

有学者用标准的法学语言来这样定义“权利”：“一般说来，所谓权利，就是特定的主体对特定的客体提出与自己的利益或意愿有关的必须作为或必须不作为之要求的资格。”④他主张权利包含“利益、主张、资格、权能、自由”必不可少的五大要素，且“以其中任何一种要素为原点，以其他要素为内容，给权利下一个定义，都不为错”⑤。这样的“权利”概念从现代法学角度而言自然是相当完备的，但以此作为标准去衡量古人是否具备权利意识，恐怕未必妥当，因为即便是创立权利概念的古希腊人、古罗马人，也未必形成了如此完备的权利概念。《辞海》对“权利”的解释则相当平实，称“法律用语”的“权利”为：“与‘义务’相对，指公民依法享有

---

① 《马克思恩格斯选集》(第1卷)，人民出版社1972年版，第18页。

② [德]康德：《法的形而上学原理》，沈叔平译，商务印书馆1991年版，第39~40页。

③ 夏勇：《人权概念的起源——权利的历史哲学》，中国政法大学出版社2001年版，第8页。

④ 夏勇：《民本与民权——中国权利话语的历史基础》，载《中国社会科学》2004年第5期。

⑤ 夏勇：《人权概念的起源——权利的历史哲学》，中国政法大学出版社2001年版，第47~48页。

的权能和利益。”①虽然《辞海》使用了“依法”一词，所论述之权利的“法律权利”的意蕴很强，但我们在探讨中国古代社会是否存在权利意识时，参考《辞海》对于“权利”的诠释可能更为实际一些。

《尚书》是我国传世之年代最古老的历史政治文献。《尚书》第一篇即《尧典》，有如下记述：有人向尧推荐胤国之君朱可以委以重任，尧对朱有所了解，说他“嚚讼”，即“不忠信，好争讼”。② 何为“争”？何为“讼”？即不仅主张、维护自己的权利，而且诉诸法律手段来争取自己的权利。根据学术界对《尚书》的研究，《尧典》为后儒所补。但中华民族的历史记忆在甲骨文和金文之前，恐怕早已流传于一代一代口口相传的口述历史之中。先秦史籍中所记述的内容，有的在甲骨文、金文等最古老的存世文字中尚未找到实证，其中不乏初民的口述历史，是在文字发明和发展起来之后才补记入史册的。因而《尧典》所述是否就是传说中的唐尧时代的信史，目前既不可证实，也不可证伪，但它却能够证明先秦时的中国社会已经产生了权利意识。这里，不妨引用一下《礼记·礼运》中的那一段著名的描述：

> 大道之行也，天下为公。选贤与能，讲信修睦，人不独亲其亲，不独子其子；使老有所终、壮有所用、幼有所长、矜寡孤独废疾者皆有所养。男有分，女有归。货恶其弃于地也，不必藏于己，力恶其不出于身也，不必为己……是谓大同。③

汉儒在《礼记·礼运》中对“大同”社会的描绘，论者多将其作为对人类社会理想境界的追求来予以解读，少有人去探究这种说法会不会有一定的来历。《礼记·礼运》“大同”社会的说法，更大的可能性是文字产生之后的人们将口述历史的记述饰以当时人们的愿望，进行理想化的描述而成。要真正使我们的认识更加贴近初民社会的实际，就应当将《礼记·礼运》的这段记述，置于马克思主义的社会发展史的视域之中去认识和解

---

① 辞海编辑委员会：《辞海》，上海辞书出版社 1980 年版，第 1252 页。
② （清）阮元校刻：《尚书正义》卷 2，《十三经注疏》，中华书局 1980 年版，第 122 页。
③ （清）阮元校刻：《礼记注疏》卷 21，《十三经注疏》，中华书局 1980 年版，第 1414 页。

读，这段话无疑是对出现阶级分化之前的初民社会实行的公平原则的理想化描述。其实“这种共同劳动，共享劳动所得，无私有财产和剥削压迫的公平原则并非出自初民们的思想觉悟，而是出自生产力极不发达的人们群体在险恶的客观环境中，为适应自然选择所必须遵循的一种‘自然法则’。如果不实行这样的公平原则，群体就无法生存和繁衍，就会萎缩直至灭绝”①。这一段叙述虽然没有“权利”“义务”这样的文字，但体现的恰恰是初民们应当享受的权利和必须承担的义务。初民社会中，人与人同样是“间接地或直接地彼此影响”，正是基于当时人类面临严酷的“自然选择”，必须遵循这一自然法则来认识问题：人们群体中每个人必定有自己“权利”的意识，这是从动物的生存本能基础上发展起来的，但又是超越了动物本能的一种更为复杂的具有一定理性的意识，这种意识与每个个体的人能否得以生存紧密相联。这种权利意识说到底就是“生存权”意识。

与这种生存权利意识相依相存的是群体成员的“义务”意识。恩格斯说氏族社会中：

> 父亲、子女、兄弟、姊妹等称谓，并不是简单的荣誉称号，而是一种负有完全确定的、异常郑重的相互义务的称呼，这些义务的总和便构成这些氏族的社会制度的实质部分。②

这是发端于血缘关系的义务意识。初民社会人们所承担的义务还有许多，如《礼记·礼运》所反映的群体成员有参与共同劳动、扶助幼弱、呵护群体的义务，以及恩格斯在《家庭、私有制和国家的起源》中阐述的必须遵守的婚姻禁忌义务等。除血缘亲情外，这些义务意识产生的根本原因是保障种群繁衍的需要。如果群体成员没有这种义务意识，在那种严酷的自然环境中，群体就难以繁衍，就会逐步萎缩，最终灭绝。所以这种义务意识说到底就是维护他人的生存权、进而保障群体的“发展权”。通

---

① 吕怡维：《人权概念和人权思想的中国话语阐释》，载《烟台大学学报（哲学社会科学版）》2020年第1期。

② 《马克思恩格斯选集》（第4卷），人民出版社1972年版，第24页。

过履行这些义务，反过来也保障了每个成员自身的生存权利。

人既然是作为“社会的人”而存在、置身于社会之中，就必然产生相互关系，就必然需要建立一种规则来维系和协调这种关系，从而建立起一种秩序。这种规则，就是由权利与义务构建而成。此时尚无“法律”，这种与义务相依相存的权利不存在后世那种属性明确的法律意义，而是一种长期遵循“自然选择”形成的“习惯权利”。恩格斯在其《论住宅问题》一文中说：

> 在社会发展某个很早的阶段，产生了这样一种需要：把每天重复的生产、分配和交换产品的行为用一个共同规则概括起来，设法使个人服从生产和交换的一般条件。这个规则首先表现为习惯，后来便成了法律。随着法律的产生，就必然产生以维护法律为职责的机关——公共权力，即国家。[①]

恩格斯明确指出了法律对“习惯”的承袭性，故而学术界也将这样的习惯称为“习惯法”。在我国一些少数民族地区，历史上传承下来的“习惯法”至今仍然作为国家法的补充在发挥作用。因而，将“权利”局限在国家和法律产生之后的看法，是值得再推敲的。

（二）中国古代社会权利意识分析

1. 中国古代社会权利意识的特点

《汉书·刑法志》开篇即言：

> 夫人宵天地之貌，怀五常之性，有生之最灵者也。爪牙不足以供嗜欲，趋走不足以避利害，无毛羽以御寒暑，必将役物以为养，任智而不恃力此其所以为贵也。故不仁爱则不能群，不能群则不胜物，不胜物则养不足。群而不足，争心将作，上圣卓然先行敬让博爱之德者，众心悦而从之。从之成群，是为君矣；归而往之，是为王矣。[②]

---

① 《马克思恩格斯选集》（第2卷），人民出版社1972年版，第538~539页。

② （东汉）班固：《汉书》卷23，中华书局1962年版，第1079页。

《汉书·刑法志》这段论述反映了中国古人是如何认识初民社会的形成和社会组织的发展的。作为万物之灵的人类从生物角度而言，其能力远逊于许多动物，而要生存就“必将欲物以为养”，须得从其他植物、动物，甚至在体能和速度等方面远远超过人类的动物身上获取生活资料。而要在如此险恶的自然环境中获取生活资料，就必须发挥群体的力量，结成群体，组成社会。中国先民早已认识到组成社会是人类必然的存在形式。一旦组成社会，人的社会关系（个人与个人、个人与各类群体、群体与群体）主要是一种相互利益的关系，而维系和协调相互利益关系必然产生个人对社会“应该获得”与“应该提供”的权利与义务的关系。[①] 在初民社会在生产力极为低下、生存资料匮乏的情况下人们产生的“争心”，从法学意义上该如何解读？因“需要获得”而产生的生存竞争是生物界特别是动物界的行为。对于已脱离兽性、达到一定的理性程度（人性）并已具有一定规范的社会的人而言，这种“争心”的萌生恐怕不仅仅是认为自己“需要获得”，而是具有一种强烈的“应该获得”的心理。而这种“应该获得”的心理，是建立在被认为是“正当”[②]、“合宜”[③]的意识基础上的，而正当、合宜是中文“正义”的本意。这就是中华先民最初的权利观念。其实这种权利意识与欧洲先民的权利意识很相近，“西方人将正义与权利等同起来，right 既指权利，又指正当。jus 一词亦然”[④]。

然而如何来建立解决“争心”的“权利”实现方式，中国古代社会维护权利的规则意识有自身的文化渊源，与源于古希腊、古罗马的西方维护权利的方式有较大差异，主要有三：

第一，“以‘不争’胜‘争’”的权利保障意识。古代欧洲人将“正义”

---

① 参见夏勇：《人权概念的起源——权利的历史哲学》，中国政法大学出版社 2001 年版，第 5 页。

② 参见（清）阮元校刻：《周礼·天官·小宰》注：“正、行无倾邪。”《十三经注疏》，中华书局 1980 年版，第 654 页。

③ 参见《荀子·强国》注：“义谓各得其宜。”《二十二子》，上海古籍出版社 1986 年版，第 325 页。

④ 夏勇：《人权概念的起源——权利的历史哲学》，中国政法大学出版社 2001 年版，第 32 页。

和“权利”等同,古希腊人认为正义就是一个利益如何权衡的问题,“正义的规则由法律确定”[①];古罗马人则认为“只有受到法律支持的正义,才会成为一项权利”[②]。也就是说,古代欧洲人从一开始就将个人权利的保障诉诸法律,靠“讼”,即打官司来主张和维护自己的权利,是一个最正常不过的现象。中国古人则不然,其倡导化解“争心”的最好方式是“行敬让博爱之德”。何为“敬让博爱”?从字面而言即从“爱人”之心出发的恭敬谦让。其实对“敬让”最直白的解释,就是首先尊重对方的权利。如人人都能主动“克己”、在利益出现纷争时都能恭敬谦让,社会不就太平和谐了吗?至于通过“讼”即法律仲裁来维护自己的权利,则不是上善之方式,乃不得已而求其次的手段。初民社会中被后人尊为“上圣”的人物,无非氏族部落酋长一类的具有一定“公共权威”的人物,他们带头作出尊重群体其他成员权利的表率,对人们群体发挥了重要的维系作用,因之而成为初民社会中的“公共权威”。正是因循这样的理念,孔子才会提出“道(导)之以政,齐之以刑,民免而无耻(追求苟免而无羞耻之心);道之以德,齐之以礼,有耻且格(民众有羞耻之心,自觉合于正道)”[③],在化解“争心”上,自觉行正道比行政和法律强制更好。可见古代欧洲人强调个人的权利,主要靠法律来实现个人权利与义务的平衡,以此来保障正常的社会秩序;中国古人则倾向于靠道德倡导来强调个人义务,“己欲立而立人,己欲达而达人”[④]、“己所不欲,勿施于人”[⑤],通过“推己及人”,在主动尊重他人权利、踊跃承担个人义务中去实现个人权利,法律调节只是退而求其次的手段,以此来实现和谐的社会秩序。由此看来,中国古人并不是没有个人权利意识,而是实现个人权利的方式和途径与欧洲人不一样。欧洲人是明确推崇个人权利,讲求依靠法律直接维护个人权利;中国古人

---

① 夏勇:《人权概念的起源——权利的历史哲学》,中国政法大学出版社 2001 年版,第 33 页。

② 夏勇:《人权概念的起源——权利的历史哲学》,中国政法大学出版社 2001 年版,第 39 页。

③ (清)阮元校刻:《论语注疏》卷 2,《十三经注疏》,中华书局 1980 年版,第 2461 页。

④ (清)阮元校刻:《论语注疏》卷 6,《十三经注疏》,中华书局 1980 年版,第 2479 页。

⑤ (清)阮元校刻:《论语注疏》卷 12,《十三经注疏》,中华书局 1980 年版,第 2502 页。

羞言个人权利(墨子等个别思想家除外,且从未居于主流意识),通过对他人的“恭敬谦让”(倡导主动承担尊重他人权利主张的义务)的间接方式作为实现个人权利的主要途径,接下来才使用法律方式。这是一种典型的“我为人人,人人为我”“退一步海阔天空”的中国式思维。如果不是把西方文化作为唯一的标准,就应当认识到中国古人只是在实现权利的主要方式上与西方不同,西方人认为首先应当使用的维护权利的方式,在中国古人眼中只是被看作退而求其次的办法,所谓“中国没有产生权利思想和概念”的论断是不能成立的。

第二,“等差”权利意识。在“大道之行”的氏族社会,在生存权、生命权问题上,氏族成员遵循因“自然选择”而形成的“自然法则”,大体享有同等的权利。古希腊城邦时代虽然深受自然法的影响,但城邦中不同成员并不是都可以平等地享受到所谓“公民权利”的,柏拉图、亚利士多德都主张“不同等级的人当然应有不同的地位和权利,这些权利都是‘等差的’权利”①。直到公元前1世纪古罗马斯多葛派及其代表人物西塞罗循“自然”之理念提出“在种类上,人与人没有区别”“就是从等级的、身份的人的观念中演化出一般的人的观念”②。有学者认为,“从这一点来说,罗马人已经接近了普遍平等权利的门槛了”③。近代西方社会的权利意识和人权意识就是在这样的基础上演进而来的,再经过启蒙运动的洗礼及后几百年资本主义发展的需要,西方社会的个人权利意识才逐渐演化为现代人权思想。

然而,初民社会“自然法则”主导下的“同等权利”并非绝对平等的权利,比如“共享劳动所得的生活资料”就一定不是“平均享用”。《史记·匈奴列传》言匈奴之俗“壮者食肥美,老者食其余”④,这显然是人类氏族社会之遗风。在生产力极为低下、生活资料获取十分困难的情况下,有限的生活资料的分配绝对不能采取平均主义的原则,一定是在努力保障氏

---

① 徐显明主编:《人权法原理》,中国政法大学出版社2008年版,第4页。
② 丛日云:《西方政治法律传统与近代人权学说》,载《浙江学刊》2003年第2期。
③ 徐显明主编:《人权法原理》,中国政法大学出版社2008年版,第5页。
④ (西汉)司马迁:《史记》卷110,中华书局1959年版,第2879页。

族全体成员延续生命需要的最低条件下，优先保障一线生产者保持必要体力的需要。只有这样，氏族群体才可能在险恶的自然环境中生存繁衍而不至灭绝。因此，氏族成员个人在群体中所发挥作用的不同，其享有的权利也是有差异的。

中国古代至少从西周时已经进入了一个相当完备的等级社会，所谓“人有十等”①，每一个人都在一定的等级地位中生活，享受不同的权利，承担不同的义务，必须各安其位，周礼对此作了若干相应的规定。不论是什么样的社会等级成员，如果超越了应当享受权利的规格，就叫作“僭越”，就会受到舆论的谴责甚至法律制裁。如按礼制天子有权使用“八佾”（八纵八横 64 人组成的乐舞），诸侯“六佾”，大夫“四佾”。鲁国执政的大夫季孙氏公然“八佾舞于庭”，孔子十分愤慨疾呼“是可忍孰不可忍”②。不仅个人行使权利的行为不能超越所处社会等级的限制，就是思考问题与建议的权利也是受限于等级地位的，即不该你想的不要去想，不该由你建言的更不能随便建言，自然有该想该说的人在。这就是所谓的“思不出其位”③。不同社会等级的“等差”权利，不仅由“礼”甚至也由实在法予以规定。如自商鞅变法后形成的“崇本抑末”思想体现在实在法方面的“贱商”法规中，将商人作为“谪戍”（受谪罚戍边）的对象，直至秦始皇时出台“七科谪”，谪戍的七种人中有四种人为商人或商人的子孙。④这种因社会身份被特别强制超常承担义务也意味着权利的被剥夺。而对于统治集团中的一些特殊人物，即便有罪，也可通过所谓的“八议”⑤减免刑责，这自然是一种特权。这种因社会身份不同而权利“等差”在中国古代社会是一种贯穿始终的现象，对整个民族的心理素质构成产生了十分严重的影响。这种“等差”的权利意识与平等权利意识确有很大差异，但

① (清)阮元校刻:《春秋左传正义》卷44,《十三经注疏》,中华书局1980年版,第2048页。

② (清)阮元校刻:《论语注疏》卷3,《十三经注疏》,中华书局1980年版,第2465页。

③ (清)阮元校刻:《论语注疏》卷14,《十三经注疏》,中华书局1980年版,第2512页。

④ 参见辞海编辑委员会:《辞海》,上海辞书出版社1980年版,第12页。

⑤ 《周礼·秋官司寇·小司冦》:“以八辟丽邦灋,附刑罚。一曰议亲之辟,二曰议故之辟,三曰议贤之辟,四曰议能之辟,五曰议功之辟,六曰议贵之辟,七曰议勤之辟,八曰议宾之辟。”(清)阮元校刻:《周礼注疏》卷35,《十三经注疏》,中华书局1980年版,第873~874页。

是就此说它不算是一种权利意识,我以为是值得商榷的。

第三,重"群体权利"意识。中国古人倡导以"敬让"来避免个人之间因权利主张造成的纷争,对个体权利主张具有一定的抑制作用。但中国古人历来认为群体的权利诉求具有相对的正当性,视其为"公义"。争"私利"一般来说不会为社会舆论所同情,而争"公义"则会受到社会舆论的普遍赞誉。周武王在讨伐商纣誓师的《泰誓》中庄严宣称"民之所欲,天必从之"①。必须指出的是:这里所谓"民欲",就是民众对自身权利的诉求。个体的"民"有各自这样那样之"欲",未必都具有正义性,就是老天也是"从"不过来的,因而从民之所欲之"民",绝对不是指具体单个的民,而是作为群体之民。而在中国古代社会,民众能够提出也敢于提出而不至于被视为"非分"的诉求,其实只可能是最基本的生存与发展权利,除此不敢有其他更高的奢望。民众维护基本生存权与发展权这种群体权利的意识具有正义性,因而不仅强烈,且理直气壮。西晋名臣刘颂曾在给朝廷的上疏中指出:"百姓虽愚,望不虚生,必因时而发。有因而发,则望不可夺。"②意思是,百姓对自己基本权利的诉求并不是无端产生的(望不虚生),应该实现且客观条件又允许实现这些权利的时候就会表达出来(因时而发),这种适时表达出来的权利诉求是具有正当性的(合乎正义)、不可剥夺的(望不可夺)。从刘颂所言的民之"望不可夺"的口气来看,显然是将其当作"特定的主体对特定的客体提出与自己的利益或意愿有关的'必须作为'"的权利性质问题来认识,而《泰誓》所言的"民之所欲,天必从之",即作为"天子"的统治者必从之,体现的同样是"特定的主体对特定的客体的利益或意愿'应该提供'"的义务意识。在整个中国古代社会,民众权利呈现这样一种状况:对于个人权利,要求人们从主观上自我抑制(羞言私利,倡导敬让),官府和社会对个人权利往往持漠视态度,个人维权代价甚高,故而大多数民众避免以"讼"即打官司的方式来维护自身权利;对于群体权利,则上上下下都相当重视,因为民众"望不虚

① (清)阮元校刻:《尚书正义》卷11,《十三经注疏》,中华书局1980年版,第181页。

② (唐)房玄龄等:《晋书》卷46,中华书局1974年版,第1305页。

生”,其维权诉求往往具有正当性。如果像对待个人维权那样采取漠视态度,就可能“犯众怒”,激起“民变”。而民众即便时有过激的维权举动,也常以“法不责众”一语带过了事。

由此可见,中国古人也有自己的权利意识。如果将启蒙运动以来西方人权理论强调的“绝对意义上的独立的个体”①的“人”的个人权利,或“普遍平等权利”作为唯一标准来评判中国古人的权利和人权思想,就会十分自然地将客观存在的且历来作为治国理政中必须高度重视的民众生存权、发展权这一首要的基本人权排除于人权之外,这就难免失之偏颇。

2. 中国古代社会个人权利意识未得彰显的主要原因

在西学东渐之前,中国社会始终无法产生类似欧洲启蒙运动那种因袭古希腊、古罗马倡导“自然”“自然法”张扬个人主义的“自由权利”的思想理论,除中华文明对阶级分化前的初民社会的“公平原则”比西方文明具有更强的承袭性,通过对他人的“恭敬谦让”(倡导主动承担尊重他人权利主张的义务)的间接方式作为实现个人权利的主要途径外,还有一个重要原因在于中国具有欧洲人难以理解的强固的宗法制度传统。黑格尔在其《历史哲学》一书中,描绘了生活在宗法之网中的中国人在那个“普遍的意志”的压制下完全放弃了个人的“反省和独立”,②“做皇帝的这种严父般的关心以及他的臣民的精神——他们像孩童一般不敢越出家族的伦理原则,也不能够自行取得独立的和公民的自由”③的状况。中国的宗法制度在父系家长制形成后逐步发展,到了周初已发展得相当完备,从国家制度到民间社会规范,都纳入了宗法制度的框架,周礼则将宗法制度作了精神升华的理论阐述和可操作性的详细规定。以严密的宗法之网为载体的周礼,强调的是按宗法关系建立起来的社会等级秩序和以严格的等级划分为基础的社会伦理道德规范,全社会每个人都处在宗法制规定的位置上,人们的言行必须符合自身所处的等级位置,即所谓切实做到“君

---

① 徐显明主编:《人权法原理》,中国政法大学出版社 2008 年版,第 8 页。
② [德]黑尔格:《历史哲学》,王造时译,三联书店 1956 年版,第 175 页。
③ [德]黑尔格:《历史哲学》,王造时译,三联书店 1956 年版,第 166 页。

君、臣臣、父父、子子”[1]，各安其分，甚至连内心包括权利诉求与义务承担的想法，都必须与个人所处的等级位置般配。统治阶级力图凭借这样的规范和准则来维系社会秩序。儒家学说的创始人孔子将严格遵循周礼所规定的等级秩序视为社会稳定的基石，要求人人都“克己复礼”，即克制自身的欲望(其中包含许多正当的权利诉求)，使自己的一切言行符合周礼的规范，称“一日克己复礼，天下归仁焉”。把“克己复礼”提到了“仁”的高度。而如何具体去实践“克己复礼”？孔子归结为“非礼勿视，非礼勿听，非礼勿言，非礼勿动”。[2] 按照这样的标准去“克己”，个人的欲望和权利诉求必须严格限定在“等差”的礼法规定之内。孔子在答复弟子仲弓问“仁”时说：“在邦无怨，在家无怨。”[3]无论在家庭内部或是在社会，都应当在周礼规定的等级地位中生活，安分守己，无怨无尤，这样才能达到“仁”的境界。像这样要求每个人自觉地、无怨无尤地将个人的权利意识严格束缚在社会与家庭的等级规定上，在一定程度上限制了个人“自由”意识的产生。

孔子以后的时代是法家思想逐步走向鼎盛的时期，法家虽然是站在君本位立场上为君主设计治国理政之道，但法家的眼中并不是只有君主而没有民众的。集法家“法、术、势”三派之大成的韩非说：“圣人之治民，度于本，不从其欲，期于利民而已。”[4]而“‘利民’与‘从其欲’不同，‘利民’乃是满足全体人民的私利；‘从其欲’只是满足个别民人的私利”[5]足见法家否定的是民众的个人权利要求而承认集体权利的。只不过法家认为君主天然代表全体人民的权利——“公利”，君主之“法”也是天然维护“公利”的。儒家是要人们从自省的角度保持“等差”的权利意识，去主动维护周以来确立的宗法社会的等级秩序；法家则以立法和严格执法的方式用外在压力迫使人们不得逾越“等差”的个人权利规范，去适应宗法社

---

① (清)阮元校刻：《论语注疏》卷12，《十三经注疏》，中华书局1980年版，第2503～2504页。

② (清)阮元校刻：《论语注疏》卷12，《十三经注疏》，中华书局1980年版，第2502页。

③ (清)阮元校刻：《论语注疏》卷12，《十三经注疏》，中华书局1980年版，第2502页。

④ 《韩非子》卷20，《二十二子》，上海古籍出版社1986年版，第1188页。

⑤ 张纯、王晓波：《韩非思想的历史研究》，中华书局1986年版，第83页。

会的等级秩序。西汉“独尊儒术”实际上是将儒、墨、道、法、阴阳等诸家思想糅杂在孔子的旗号下，汉武帝接受董仲舒改造后的儒术设计，将其独尊为实施统治的指导理论，历代王朝施政其实都是遵循此种理论的精神实行儒法兼用，“儒表法里”。这样的文化环境由汉至清，“教化”人们两千年之久，中国的民众除攀附着“天”保存下集体意志和集体权利意识外，个人的独立意志和个人权利、个人自由的意识确实是很难得到彰显。

二、人权概念和人权思想的中国话语阐释

研究人权不可避免需要思考“什么叫人权?”“什么叫人权思想?”“什么是首要的基本人权?”等。虽然近代以来西方人权思想在国际人权领域主导了人权话语，但它毕竟只是西方历史文化的产物，对于多元文化的当今世界并不具有绝对普遍意义。对于什么是“权利”，什么是“人权”和“人权思想”这样的基本人权学理问题，不但不必把西方人权理论中与此有关的定论当作“放之四海而皆准”的标准，还须认识到人权思想理论也“不能脱离特定社会政治条件和历史文化传统来抽象评判，不能定于一尊”[①]，应当努力用“源自中华文化、植根中国实践”的中国话语“讲好中国人权故事”，[②]坚持根据中华文化的传统、维护中国的核心利益以及根据中国特色社会主义法治理论的需要和要求阐释“权利”“人权”“人权思想”“首要的基本人权”等人权学的基本理论问题，去深入发掘、清楚了解先秦以来中华文化蕴含的“以民为本”思想所固有的人权属性及其在系统化、理论化方面所达到的高度，深刻认识其与保障民众生存权、发展权这一首要基本人权的紧密联系，充分体现“坚持把生存权、发展权作为首要的基本人权”的中国特色人权话语的历史厚重感，有力地增强中国人权话语的说服力和感召力，是我们在当前国内人权发展和国际人权事业中守正创新、擢升中国人权话语权以及构建新时代中国特色社会主义人权

---

① 习近平：《决胜全面建成小康社会　夺取新时代中国特色社会主义伟大胜利——在中国共产党第十九次全国代表大会上的报告》，人民出版社2017年版，第36页。

② 黄坤明：《在纪念〈世界人权宣言〉发表70周年座谈会上的讲话》，载国务院新闻办公室网2018年12月10日，http://www.scio.gov.cn/tt/hkm/Document/1643232/1643232.htm。

理论体系,应当勇于面对和认真思考的问题。

(一)人权标准的中国话语阐释

一部近代以来的人权思想发展史清楚地展现了几百年中“人权”概念在不断调整、变化和拓展。世界各国都将人权入宪,但随着国际格局的变化和人权研究的深入,人权的思想和理论持续更新,各国在国际平台中都从不同角度阐释各自的人权诉求,但无不包含了对自己国家核心利益的考量。

西方人权理论将人权思想的发展划分为几个阶段,对于前资本主义时代,只能算作人权思想的“萌芽”,或者叫作“人权思想的古典根源”。[①] 追溯西方人权思想的发展历史可知,古希腊的正义观、古罗马的权利观以及欧洲中世纪的基督宗教所推动的“人在精神上与人格上平等”的观念,都对近代人权思想的产生作了铺垫。但真正作为一种较为系统、成熟的思想理论提出来,是欧洲启蒙运动兴起的产物,换言之,是资本主义上升时期造就的一种为资本主义发展服务的社会现象。马克思在《论犹太人问题》《〈黑格尔法哲学批判〉导言》等著述中,用十分科学、系统、严谨的分析道出了霍布斯、洛克等启蒙思想家以个人“自由”“平等”为核心价值的“自然权利”论的所谓“普遍人性”的理论构建,实际上是对“市民”即资产阶级所处的社会现实及其所产生的观念的量身定制。从最初为自由资本主义鸣锣开道,伴随资本主义的发展不断调整,直至今日。这种以个人本位的“自由权利”为核心的人权思想以及建立在这个思想基础之上的人权法制,成为西方发达国家长期奉行和宣扬的“自由主义价值体系”的基本内容,其对西方社会和民众心理产生的影响可谓根深蒂固。我们认为人权是人类共同的价值追求,人权的丰富内涵远非西方人权理论所能涵盖,从而正面进行人权思想理论研究时,遇到的一个十分现实的问题是:可供参考的人权理论蓝本主要是在西方历史文化的土壤中产生、发展而成的所谓“现代人权思想理论和话语体系”,并在西方国家主导下向全世界推行,且已经占据了先发优势地位、形成了一定的话语霸权。我国的

① 参见徐显明主编:《人权法原理》,中国政法大学出版社2008年版,第2页。

人权学研究者事实上不得不以西方打造的“现代人权思想理论体系”作为主要研究对象。虽然众多的研究工作者都努力运用马克思主义的思想理论,站在发展中国家的立场上对西方人权思想理论中的不公正性和西方发达国家在国际人权领域中的霸权主义行径进行批判,但是在人权学理方面的许多问题,难以说完全不受西方人权思想和话语的影响。例如,在“权利”标准、“人权”标准、“人权思想”标准、“人权的核心内容”这样的人权学的基本学理问题上,不少学者自觉或不自觉地接受西方人权理论的主张,而它们源于西方历史文化的土壤,与中华历史文化发展的实际情况并不相符,并不能作为判定人权现象的具有绝对普遍意义的学理标准。

其实西方近代人权思想理论从产生开始,就是在不断的派别之争中逐步发展的,而且都有从自身需要出发的不同倾向性。有学者指出“截至目前,没有一个人权文化的定义是令人信服的,更谈不到共识性的人权文化定义……人权文化是一个不可能下定义的问题”。[①] 著名的人权文献如英国 1689 年《权利法案》、美国 1776 年《独立宣言》、法国 1789 年《人权与公民权利宣言》、1948 年联合国《世界人权宣言》、1953 年《欧洲人权公约》等,都未能对人权的标准进行准确和具体的定义和描述。也就是说,人权保护虽然相继被各国宪法确认为一项基本原则,但人权的具体标准该如何表述至今都没有在学界和社会达成一致的共识。英国学者米尔恩(A. J. Milne)在其所著《人的权利与人的多样性——人权哲学》一书中对《世界人权宣言》作出了这样的评论:

> 遗憾的是,《宣言》的作者们忽视了这一点(即《宣言》所主张的理想标准其实是西方的标准),以致在许多国家,尤其是组成所谓“第三世界”的国家,这种理想标准无可避免地成了乌托邦。……一种关于人权的表述,若使其中许多权利与人类大多数无关,就不是经

① 齐延平:《论回归生活世界的人权文化》,载《人权法学》2022 年第 2 期。

得起理性辩驳的表述。[①]

因此目前我们不得不面临这样的实际情况：主要源于西方的各种人权理论在“人权”的概念以及标准上难以达成普遍性的共识，要从西方“现代人权理论”中将人权概念梳理清楚非常困难，[②]一些例如“人权是目的还是手段”这样的基本问题都无法得出明晰的结论。对于到底具备哪些要素才满足“人权”的标准这个问题，有学者认为“权利由利益、主张、资格、权能以及自由这五大要素构成，以其中任何一个要素为原点，以其他要素为内容来给权利下定义，都不为错”[③]。可见仅“权利”的概念就十分复杂，而门槛似乎又如此之高，更何论在此基础上更进一层、更为复杂的“人权”了。这类西方文化色彩浓郁的权利概念，加上其本身模糊的理论基础，实际上难以适用于阐释和指导解决中国和广大发展中国家现实的人权问题。我们的人权理论研究不能仅仅陷在烦琐复杂、应接不暇的概念漩涡中。具有中国特色的新时代人权理论研究应当坚定“理论自信”，“坚持把人权的普遍性原则和当代实际相结合，走符合国情的人权发展道路”，坚持“守正创新”，[④]从学理上大胆突破旧有人权理论中虽有话语上的先发优势，而实际上却不断被证明并不具有普遍性意义的思维定式，在实践中坚持从中国和当今世界的实际出发，构建强有力的中国人权话语，去讲述有说服力、感召力的中国人权故事。也只有自身的人权话语具有坚实的理论根基，我们才能够从世界上多元的人权思想理论中披沙拣金，找到真正可供中国人权实践借鉴的“他山之石”，更好地推动中国人权事业的发展。

中国话语阐述的“人权”是什么？习近平总书记在“致纪念《世界人权宣言》发表70周年座谈会的贺信”中指出，“人民幸福生活是最大的人

① [英]A. J. M. 米尔恩：《人的权利与人的多样性——人权哲学》，夏勇、张志铭译，中国大百科全书出版社1995年版，第3页。

② See Morton E. Winston, *The Philosophy of Human Rights*, Wadsworth Publishing, 1989.

③ 夏勇：《人权概念的起源——权利的历史哲学》，中国政法大学出版社2001年版，第27页。

④ 《习近平致信纪念〈世界人权宣言〉发表70周年座谈会》，新华社，2018年12月10日。

权”“生存权、发展权作为首要的基本人权”。不论国际上关于“人权”的论述和解读有多少,今后还会怎样争论下去,从“以人民为中心”的理念出发,坚持以“人民幸福生活是最大的人权”和“生存权、发展权作为首要的基本人权”为基本标准去发展中国特色社会主义的人权事业和“推动形成更加公正、合理、包容的全球人权治理”①是构建和发展具有中国特色的人权话语的基础。

(二)生存权、发展权作为“首要的基本人权”的理论思考

1845 年,马克思和恩格斯就明确指出:

> 我们首先应当确定,一切人类生存的第一个前提也就是一切历史的第一个前提,这个前提就是:人们为了“创造历史”,必须能够生活。但是为了生活,首先就需要衣、食、住以及其他东西。因此,第一个历史活动就是生产满足这些需要的资料,即生产物质生活本身。②

继马克思、恩格斯之后,奥地利法学家安东·门格尔提出生存权优先的人权理论,他认为社会成员“具有向国家提出比其他具有超越生存欲望的人优先的、为维持自己生存而必须获得的物和劳动的要求的权利”③。20 世纪 90 年代英国学者米尔恩也提出“低限人权说”,指出生命权等体现人们最基本的生存与发展权利的最低限度的人权,才应算作普遍的人权。④“把生存权、发展权作为首要的基本人权”完全符合“把人权的普遍性原则和当代实际相结合”⑤的科学定论。人是人权的载体,人一旦失去生存权,生命不保,人权就会“皮之不存,毛将焉附”。例如,在一些战乱频繁的非洲、中东国家和地区,当生命存活的基本生存权都失去保障时,哪里还有其他人权可言。生存权、发展权是所有人权中最首要、最基本的权利,包括“自由权”等在内的其他个人的权利,都只能建立在人的生存

---

① 《习近平致信纪念〈世界人权宣言〉发表 70 周年座谈会》,新华社,2018 年 12 月 10 日。

② 《马克思恩格斯全集》(第 3 卷),人民出版社 2002 年版,第 31 页。

③ [日]杉元泰雄编:《宪法学的基本概念》,劲草书房 1983 年版,第 39 页。

④ [英]A. J. M. 米尔恩:《人的权利与人的多样性——人权哲学》,夏勇、张志铭译,中国大百科全书出版社 1995 年版,第 8 页。

⑤ 《习近平致信纪念〈世界人权宣言〉发表 70 周年座谈会》,新华社,2018 年 12 月 10 日。

权、发展权首先得到保障的基础之上，否则，它们都会失去实际的意义。

马克思主义的辩证唯物主义关于物质与运动关系的原理告诉我们，宇宙间不存在没有物质的运动，也不存在没有运动的物质。生命权、生存权体现的是物质基础，没有人的生存就失去发展的载体；而没有发展(运动)的生存是不可能维持的，也是不可设想的，比如人类群体不能不繁衍，繁衍也是人的一种发展形式，否则就意味着灭绝。因此，生存权与发展权是不可分割的基本人权。如果我们将《礼记・礼运》的记述用现代语言来诠释，可以清晰地看出，其所强调的就是要保障群体的生存与发展权利，而且将人们应当得到的基本生存权、发展权的保障提高到“大道之行”的高度来认识，表明中华先民早就通过自身的实践活动认识了这个朴素的真理。

根据马克思主义的人类社会发展理论，世界各个国家的先民其实都经历过《礼记・礼运》所描述的那个首重生存权和发展权的社会历史阶段，但在欧洲社会并没有升华为传统的政治理念。欧洲人权学说在发展过程中为什么不是把生存权、发展权而是把个人本位的“自由权利”放在人权的首重位置呢？首要原因应当是“自然”“自然法”思想对欧洲社会的深远影响。古希腊、古罗马时期“自然”是欧洲社会时代精神的主题，“古希腊人将自然看做是指引人类社会生活的客观标准。符合自然的当然是正义的(natural right)”。[①] 而“正义是一个利益权衡的问题”[②]即权利的问题，将权利与正义等同，早已是西方社会取得高度共识的理念。同时，从古希腊、古罗马传承下来的社会意识中，“依自然，人是平等与自由的”。[③] 自由权利因“自然”而具有神圣性。此种社会意识在古罗马时代经斯多葛学派及其代表人物的推动，对社会“等差”权利思想产生了有力的冲击作用，虽历经黑暗的中世纪却借助政教二元的社会状况而经久不

① 徐显明主编：《人权法原理》，中国政法大学出版社 2008 年版，第 2 页。

② 夏勇：《人权概念的起源——权利的历史哲学》，中国政法大学出版社 2001 年版，第 33 页。

③ [意]登特列夫：《自然法——法律哲学导论》，李日章等译，新星出版社 2008 年版，第 7 页。

衰。到了近代启蒙运动时期，著名的启蒙运动思想家霍布斯、斯宾诺莎等人“将自由看作权利的本质”[①]。而格劳秀斯对自然法所作的新发展“除了表现一种思维方式之外，还主张一种价值，这种新价值就是个体之价值。个体主义是近代自然法概念第二个突出的特征”。[②] 这种彰显个体主义“自由权利”思想在启蒙运动中的进一步张扬，其社会影响极为强烈，以致 1776 年美国《独立宣言》宣示“一切人生而平等，造物者赋予他们若干不可让渡的权利，其中包括生命、自由和幸福的追求。”[③]1789 年法国大革命的《人权与公民权利宣言》17 条条文中的第 1 条，就宣示人“生来自由和权利平等”[④]。当资产阶级革命取得胜利之后所建立的“人权法制”中，西方社会传承了两千多年的彰显个体主义的“自由权利”思想，成为支撑这种制度的理论基础的核心，对西方社会的价值观具有根深蒂固的影响。西方社会的这种意识，与中国古代进入阶级社会后形成并一直传承的“等差”权利意识差异之大，是可想而知的。第二个原因应当是与当时欧洲社会生产力发展所造成的社会现状有直接的关系。启蒙运动的出现是以英、法、德为代表的主要欧洲国家资本主义因素的蓬勃发展在思想领域的反映。欧洲社会生产力有了较大幅度的提升，人民的基本生活条件有了一定程度的改善，社会矛盾的焦点已不是民众起码的生存问题，而是造成社会严重不公的封建特权与广大民众，特别是与急切要求不受羁绊“自由发展”的资产阶级的冲突。孙中山先生在 1924 年 3 月阐释“民权主义”的讲座中说道：“欧洲人二百年以前，受那种极残酷的专制的痛苦，好像现在中国人民受贫困的痛苦是一样。人民受久了那样残酷的专制，深感不自由的痛苦，所以他们唯一的方法，就是要奋斗去争自由，解

---

① 夏勇：《人权概念的起源——权利的历史哲学》，中国政法大学出版社 2001 年版，第 27 页。

② ［意］登特列夫：《自然法——法律哲学导论》，李日章等译，新星出版社 2008 年版，第 62 页。

③ ［意］登特列夫：《自然法——法律哲学导论》，李日章等译，新星出版社 2008 年版，第 72 页。

④ ［意］登特列夫：《自然法——法律哲学导论》，李日章等译，新星出版社 2008 年版，第 54 页。

除那种痛苦。”他在列举了中世纪欧洲人民思想不自由、言论不自由、行动不自由以及“营业工作和信仰种种都不自由”的大量事例后说：“欧洲人民当时受那种种不自由的痛苦，真是水深火热，所以一听到说有人提倡争自由，大家便极欢迎，便去附和。”①欧洲中世纪贵族剥夺民众人身自由的封建特权之残酷，如野蛮的“初夜权”制度，在中国人看来简直是匪夷所思。因而在与享有特权的封建贵族的冲突中，资产阶级对以个人“自由权利”对抗以公权力面目出现的封建特权的诉求尤为强烈。

因此，西方人权理论将“自由权利”规定为人权最首要、最核心的内容，主要是由西方自身的历史文化和启蒙运动以来社会发展的走势所决定的，虽然已成为西方社会的普遍意识，但面对多元文化的当今世界，它并不具有普遍意义。西方人权理论强调“自由权利”的话语虽然具有先发优势，但是它不具备替代生存权、发展权作为人权基础或人权判别的首要标准的资格。

（三）“国家”职能与低限人权保障

我国人权理论研究中，吴忠希是少有地提出中国古代“形成和产生”了早期人权思想的学者。他说：

> 中国的人权思想发展史有自己的轨迹。中国早期的人权思想是在奴隶社会向封建社会的转型时期中形成和产生的，特别是春秋战国时期，产生了一大批思想家，他们的人本主义思想，特别是儒家的人学思想对中国人权思想发展乃至中华文化的历史发展都有极其重要的影响。②

西方人权思想史把人权思想的发展划分为几个阶段，对于前资本主义时代，只能算作人权思想的“萌芽”，或者叫作“人权思想的古典根源”。③ 到了启蒙运动时代，通过启蒙运动的思想家格劳秀斯、霍布斯、洛克、斯宾诺莎等人的论证、阐释和系统化，才真正成为“人权思想”。受此

---

① 孙中山：《三民主义》，九州出版社 2011 年版，第 82～83 页。
② 吴忠希：《中国人权思想史略：文化传统和当代实践》，学林出版社 2004 年版，第 9 页。
③ 徐显明主编：《人权法原理》，中国政法大学出版社 2008 年版，第 2 页。

影响,在中国,人权思想曾经被许多学者看作西学东渐的“舶来品”,例如,认为人权“是人类社会发展到一定阶段的产物,是商品经济发展的结果”①,“中国传统文化当中没有产生人权概念……不可能产生出人权这样的权利斗争话语”②,中国古代至多只有“人权理论的萌芽状态”③或者按照西方人权理论的标准,将人权思想局限为“是以个人的尊严和自由为特定内核的”④。因此中国传统文化中不可能产生人权思想和概念,“人权理念主要来自西方社会”⑤就成了合乎逻辑的结论。故而不少学者言及人权和人权思想时,总是习惯于在前面加上“近代”或“宪政国家”的限制词,“宪政国家”自然也是近代的产物。

然而吴忠希在讨论中国古代的人权思想时,并没有用“人权思想的萌芽”来加以表述,而是认为至少在春秋战国时期就已经“形成和产生”了“中国早期”的人权思想。不过,被吴忠希划入“中国早期的人权思想”的范畴比较宽泛,他将先秦至清的若干重要的政治思想均归入“中国古代人权思想发端”的范畴,将中国古代民本主义作为“中国古代人权思想的发端”⑥的诸种思想元素之一。列宁在《论民族自决权》一文中曾强调指出:

> 在分析任何一个社会问题时,马克思主义理论的绝对要求,就是要把问题提到一定的历史范围之内;此外,如果谈到某一国家……那就要估计到同一历史时代这个国家不同于其他各国的具体特点。⑦

虽然很少有人从五千年未间断过的中华文化中去专门挖掘和阐释中国古代的“权利”概念,但论定中华先民完全没有权利意识是不妥当的。

---

① 孙强:《改革开放以来马克思主义人权理论中国化研究》,中央编译出版社2013年版,第63页。

② 孙强:《改革开放以来马克思主义人权理论中国化研究》,中央编译出版社2013年版,第160页。

③ 孙强:《改革开放以来马克思主义人权理论中国化研究》,中央编译出版社2013年版,第64页。

④ 徐显明主编:《人权法原理》,中国政法大学出版社2008年版,第2页。

⑤ 孙强:《改革开放以来马克思主义人权理论中国化研究》,中央编译出版社2013年版,第160页。

⑥ 吴忠希:《中国人权思想史略:文化传统和当代实践》,学林出版社2004年版,第1页。

⑦ 《列宁选集》(第2卷),人民出版社1960年版,第512页。

前文已言及中国古代有自己的权利意识，只不过在表现形式上具有完全不同于西方历史文化的三个特点。中国古代文献虽然未能使用“权利”的法学表述，但是体现中华法文化的中国古代维系社会正常秩序的大量行事准则、乡规民约以及律法条文中，无不包含若干关于体现个人权利、义务和公平意识等方面的内容。而在先秦时期就已经蓬勃发展的“以人为本”“以民为本”的思想，不能仅仅归属于“民生”“人道”的范畴，而是具有鲜明的人权属性，就其系统性、理论性所达到的高度而言，也绝非仅仅只能算作人权思想的“萌芽”。

阶级分化后，人类进入阶级社会，继而国家形成。国家是什么？恩格斯在《家庭、私有制和国家的起源》中明确指出：

> 国家是表示：这个社会陷入了不可解决的自我矛盾，分裂为不可调和的对立面而又无力摆脱这些对立面。而为了使这些对立面，这些经济利益互相冲突的阶级，不致在无谓的斗争中把自己和社会消灭，就需要有一种表面上驾于社会之上的力量，这种力量应当缓和冲突，把冲突保持在“秩序”的范围以内；这种从社会中产生但又自居于社会之上并且日益同社会脱离的力量，就是国家。①

由于当年极其复杂的国际国内因素，加之在许多方面学习、掌握马克思主义经典作家著述存在不够完整、不够准确的问题，我们在“国家”学说方面，曾一度片面地强调国家的“镇压职能”，未能完整、准确地理解恩格斯关于“国家”论述的本意。恩格斯清楚地阐明，“国家”产生于阶级分化之后。那么，阶级分化是怎么产生的？恩格斯在同一部著作中是这样阐述奴隶制度的发明的：

> 一切部门——畜牧业、农业、家庭手工业——中生产的增加，使人的劳动力能够生产出超过维持劳动力所必须的产品。同时，这也增加了氏族、家庭公社或个体家庭的每个成员所担负的每日的劳动量。吸收新的劳动力成为人们向往的事情了。战争提供了新的劳动

① 《马克思恩格斯选集》（第4卷），人民出版社1972年版，第166页。

力:俘虏变成了奴隶……从第一次社会大分工中,也就产生了第一次社会大分裂,即分裂为两个阶级:主人和奴隶、剥削者和被剥削者。[①]

这两个对立阶级之间的根本关系是剥削与被剥削、压迫与被压迫的关系,反抗必然发生,镇压是不可避免的事。也就是说对被剥削阶级的镇压,在“国家”产生之前就已经存在。“国家”的产生在恩格斯看来是统治阶级“获得了镇压和剥削被压迫阶级的新手段”。[②] 但值得注意的是,恩格斯强调“国家是从控制阶级对立的需要中产生的”[③],“国家”是要把冲突保持在“秩序”范围内,这种“秩序”是对统治阶级有利的,是统治阶级希望造成和维持的那种秩序,但同时不能忽视国家的职能是“缓和冲突”,把阶级剥削和压迫保持在人民大众可以承受的限度内,以便让冲突保持在“秩序”的范围之内。那么什么是被剥削压迫的人民大众“可以承受的限度”?这就是普通民众最起码的生存权和发展权必须得到保障。超过了这个限度,就会因冲突失控而造成“(冲突双方)自己和社会被消灭”。由此可见,即便是古代阶级社会的国家,不仅有维护统治阶级特权的一面,也有保障普通民众最低限的基本生存权、发展权的一面,否则,国家就没有产生的必要。这个最起码的生存权和发展权,就是最低限的人权。如果国家在维护特权和保障民众最低限的生存权与发展权中没有把握好平衡点,社会就会出现乱象,直至冲突失控,重新洗牌,再建一个“国家”采取新的政策措施来“缓和冲突”、再造矛盾相对缓和的社会秩序。

从恩格斯的论述看来,就是在古代非宪政国家,也懂得必须承认民众具有最起码的生存与发展权利,这是由国家职能所决定的。既是“国家”的职能,那就是“国家”必须承担的“义务”(必须作为)。而与此“义务”相对应者,其性质自然应当是“权利”(要求对方必须作为)。因此,“保障民众最起码的生存权与发展权”,就是保障最低限的人权。如果仅仅认为“从奴隶社会一直到资本主义社会,社会基本关系都是压迫性、剥削性的,

① 《马克思恩格斯选集》(第4卷),人民出版社1972年版,第157页。
② 《马克思恩格斯选集》(第4卷),人民出版社1972年版,第168页。
③ 《马克思恩格斯选集》(第4卷),人民出版社1972年版,第168页。

这决定了这些社会中的人的本质是被异化的、扭曲的，人权的享有主体只能是少数人，人权是作为特权而存在的”①，这种说法看起来是以阶级斗争学说为指导，而实际上还是以西方人权理论那种“人权思想是以个人的尊严和自由为特定内核”作为基础来认识问题的，而这种认识是值得商榷的。

---

① 孙强：《改革开放以来马克思主义人权理论中国化研究》，中央编译出版社2013年版，第23页。

第二章　中国古代“以民为本”治国思想理论的形成

一、“天赋人权”的中国话语阐释及君权来源说的嬗变

清末民初，未经历过启蒙运动造成的社会变革的中国知识界，接受了日本学者将“自然权利”翻译成“天赋人权”的说法。但“天赋人权”的说法在中华传统文化中却蕴含着远比“自然权利”本义深邃得多的内容，这种对人权的中国话语表述引出了完全不同于西方“自然权利”本意的十分复杂的问题。

先秦时已流传的“以民为本”的民本主义思想就包含了对现代人权中的生存权和发展权的肯定。汉董仲舒在“独尊儒术”中对“君权天赋”说进行再建构，在先秦时期具有广泛社会影响的“敬天保民”思想基础上演绎出“天人感应”理论和“灾异”之说，使“以民为本”思想在系统性、理论性方面达到了前所未有的高度，为民众以“天赋民权”来保障最低限的生存权与发展权的儒家方案提供了系统的理论支撑。

(一)中、西方话语对“天赋人权”含义的不同阐释

“天赋人权”源于拉丁语,其准确的含义为“自然权利”。按照斯宾诺莎、洛克、孟德斯鸠、卢梭等启蒙运动的思想家阐释的这种“自然权利”是:人作为一个客观存在物,而客观存在物因“自然”而生,从而具有源于“自然”的与生俱来的权利,这种权利是人因“自然”而固有的。启蒙运动思想家们通过发挥古希腊、古罗马时期就已成为时代精神的“自然”来这样规定人权,政治指向十分清楚:漫长而黑暗的欧洲中世纪,世俗统治权力掌握在封建君王和各级封建贵族手中,而维系其统治的精神支柱则是基督宗教。此时的基督宗教尚处于“神的宗教”的发展阶段,上帝就是神,启蒙运动发生后才逐步向“道德宗教”转化。虽然欧洲具有政教二元化的传统,但中世纪的欧洲大地上不论政权和教权之间如何矛盾斗争,“君权神授”则是整个社会共同持有的观念。故欧洲中世纪的君王们总是需要教皇或代表教皇的某位红衣主教为其加冕,方能彰显其王权神授,才具有合法性。一旦君王与教皇矛盾激化,教皇可以对此君王颁“破门律”,即宣布该君王已失去上帝的眷顾,君王的王座就会动摇。欧洲中世纪的普通民众只知道自己的两种身份:某位主教大人教区的教民和某位爵爷(封建领主)的领民,根本谈不上人身权利(野蛮的“初夜权”制度就是其典型表现)。当中世纪长夜将尽、资产阶级作为新兴力量崛起,启蒙运动、宗教改革作为伴随资产阶级崛起的思想解放运动,十分自然地把斗争锋芒指向旧世界的两大支柱:封建王权和神权。去除神权和封建王权头顶上的光环,这就是启蒙运动的思想家通过追溯古希腊、古罗马的“自然”“自然法”,来证成所谓人具有与生俱来的“自然权利”,绝非神授予或君王赐予的根本原因。

当近代“西学东渐”之时,西方人权思想传入中国,中国的知识界首先遇到的是翻译难题。源于拉丁语的“natural rights”,它用中文话语准确表达应当是“自然权利”。但中国的知识界对西方名词术语的了解大抵都是通过“脱亚入欧”的日本而来,但日本当时“要把西方法律意识普及于国民必借用举国皆识的汉字,因之汉译法律概念必成蔚为大观”。[①] 而

① 徐显明主编:《人权法原理》,中国政法大学出版社 2008 年版,第 28 页。

日本知识界对“自然权利”该如何翻译却几经展转，最后由加藤弘之敲定译作“天赋人权”，并为中国知识界引用。当时的中国知识界未能准确翻译“自然权利”而借用日本学者翻译的“天赋人权”和中西文化背景差异有直接的关系。“自然”在中华传统文化中是这样一个哲学概念，如“人法地，地法天，天法道，道法自然”。西晋时的玄学大师王弼注解《道德经》时，对“自然”的解释是“无称之言，穷极之辞”[①]，即“自然”是无法用言辞表述的。如果当时的中译者能准确理解“自然权利”概念，最简单的译法是可以将“自然权利”依照中国的话语习惯译作“与生俱来的权利”，而译作“天赋人权”则会将中华传统文化因素和哲学思想导入其中。

“天赋人权”，天为何物？荀子等先贤曾以唯物主义的态度去认识“天”，但此种思想在中华传统文化中始终未能成为主旋律，人们是以强烈的客观唯心主义倾向去认识“天”的，认为“天”是一种有意识、有主观意志的神秘力量。“天生万物”，“天”自然是万事万物之主宰，具有至高无上的地位，也是一切权力的来源，从君王到百姓，始终对“天”保持着高度敬畏的感情。由于符合科学理念解释的“天”的学说从来就没有在中华传统文化中占据过主导地位，一旦将“自然权利”译作“天赋人权”，就会产生歧义。中文话语“天赋人权”之“赋”，就具有了“授”的含义，当然有“授”则必有“受”，于是也就有了“授”的一方和“受”的一方，这就与启蒙运动思想家们提出的“自然权利”的本意大不相同了。

（二）中华传统文化中君权由“民赋”说到“天赋”说的嬗变

欧洲启蒙运动主张“社会契约论”的思想家认为，在纯自然的状态下，人们与生俱来的“自然权利”如生命权、自由权无法得到有效的保障，于是人们通过协商基于公意制定社会契约，将人们的一部分自然权利交给国家，由国家来保护人们的“自然权利”。国家和国家主权由此而来。也就是说，国家权力是人授或民赋的。这个理论提出之时欧洲国家仍普遍实行君主制，尚未过渡到共和制，君主仍为国家的最高代表者，君主权力即国家权力。因此，按社会契约论的说法，君权不是神授，而是民授，即

---

① 《道德经》第25章，《二十二子》，上海古籍出版社1986年版，第3页。

“君权民赋”。

其实“君权民赋”说并非启蒙思想家首创,远在中国先秦时期,中国的思想家就已经提出了这个概念。《韩非子·五蠹》说:

> 上古之世,人民少而禽兽众,人民不胜禽兽虫蛇。有圣人作,构木为巢,以避群害,而民悦之,使王天下,号曰有巢氏。

《韩非子·五蠹》又言及燧人氏教民众“钻燧取火”得以熟食,有大功于民,“而民悦之,使王天下”。[①] 十分明显,使有巢氏、燧人氏“王天下”的是“民”,即民众。从人类社会发展史的角度看,这实际反映氏族部落时期首领由民众推举的氏族民主制,但韩非把自己身处当时的社会制度推及古人,把有巢氏、燧人氏说成君王。

前文引《汉书·刑法志》说:人虽为万物之灵,但群居自然会产生矛盾,如果没有群居生活的社会规范来约束和协调,群体将在自身内部的无节制的矛盾斗争中走向崩溃。于是,“上圣卓然先行敬让博爱之德者,众心悦而从之。从之成群,是为君矣;归而往之,是为王矣”[②]。如果说有巢氏、燧人氏是因为有功于民而民众赋予其君王的权利,那么这里的“先行敬让博爱之德”的“上圣”,制定并躬行能够维系群体正常秩序的社会规范,垂范万民,保障了群体的生存和发展,因而有德于民,于是人们赋予其君王的权利。十分明显,在当时人们的心目中,上古之世,是“君权民赋”的。

社会发展进入“国家”阶段以后,君尊民卑、君权逐步膨胀成不可逆转之势。特别是到了春秋战国之际,随着生产力的发展,土地私有制也随之发展起来。地主阶级与农民阶级同时发展且双方矛盾也随之上升。地主阶级总体而论力量逐渐超过领主贵族阶级,但单个地主的力量却相当有限。封建领主除土地占有权外,还具有宗主权、司法权、军事镇压之权;而地主阶级中占相当比重的那部分由庶民演变而成的地主,他们除土地占有权外,并不具有其他特权。他们不仅要面对力量日益增强的农民阶

---

① 《韩非子》卷20,《二十二子》,上海古籍出版社1986年版,第1183页。

② (东汉)班固:《汉书》卷23,中华书局1962年版,第1079页。

级的反抗,还要对付顽固坚持旧制度的领主势力,迫切需要将他们分散的力量集中起来,掌握到新兴地主阶级所主导的国家及其代表人物国君手中,以更好地维护他们的利益。各诸侯国的国内格局便是如此。而国与国之间的态势则先是争霸战争,进而演变成兼并战争,战争更是需要权力和意志的高度集中统一。故当时各国均纷纷寻求富国强兵之道,而所有的富国强兵的改革无一不是朝着君主集权方向发展,这是由生产力发展引发的社会变革造成的必然结果,具有积极的历史意义。

与这种社会变革的发展趋势相适应,作为国家权力代表的君主身份自然会逐渐发生变化。早已替代了氏族部落首领由民众推举的君主世袭制,使君权体现的国家权力已不由民赋,在人世间也找不出其他有资格的“授主”,于是十分自然地只能把“授主”的桂冠戴到“天”的头上。《礼记·曲礼下》对被称为“天子”的国君作了如下定义:“君天下曰天子。”《礼记疏》又作出进一步地诠释:“王者以父天母地,是上天之子,又为天所命子养下民,此尊名也。”①君主“为天所命子养下民”,君权为天所赋已明确无疑。《礼记》虽为汉儒所著,但“君权天赋”的说法早在先秦时的典籍中已屡见不鲜。《尚书·商书·仲虺之诰》称:“唯天生民有欲,无主乃乱。有夏昏德,民坠涂炭。天乃锡王勇智,表正万邦,缵禹旧服”②,《商书》之《咸有一德》、《微子》、《周书》之《泰誓》等篇,大量的内容都明明白白地说商汤代夏为君是奉“天”之命、商纣亡国是违“天命”。其中《泰誓》说得最直白:“天佑下民,作之君,作之师”,意即“天佑助下民为立君以政之,为立师以教之”③。这些印证了“国家”形成以来社会变革造成的权力“授”“受”观念的嬗变,所谓“天生烝民而树之君”的说法就是在这种过程中自然而然地产生的,“君权天赋”说就这样取代了“君权民赋”说。

二、“以民为本”思想的人权属性及产生、发展与理论升华

中华先民很早就体悟到保障民众生存权、发展权这一基本人权在保

---

① (清)阮元校刻:《礼记正义》卷4,《十三经注疏》,中华书局1980年版,第1260页。

② (清)阮元校刻:《尚书正义》卷8,《十三经注疏》,中华书局1980年版,第161页。

③ (清)阮元校刻:《尚书正义》卷11,《十三经注疏》,中华书局1980年版,第180页。

持“秩序”中的必要性,并形成了具有鲜明的人权属性的“民为邦本,本固邦宁”的“以民为本”思想。自先秦至汉,“以民为本”思想经历了产生、发展的漫长过程,并在汉代“独尊儒术”中由董仲舒对其进行系统化、理论化升华,成为改造后取得独尊地位的儒家学说的重要组成部分,对中国历史、社会的发展和民族心理意识的塑造产生了深远的影响。

(一)“以民为本”思想的核心

“国家”具有保障民众最低限的生存权与发展权的职能,当然就存在为什么必须这样做的理由。马克思主义的经典作家运用历史唯物主义观点,科学地阐明了“国家”这一职能的来龙去脉。而启蒙运动的思想家所推出的则是“社会契约论”,主张由民众让渡部分权利给政府,由政府更好地保护、实现民众的“自然权利”。中国古代则是产生“以民为本”的民本主义思想,打着“天”的旗号,十分明确地提出必须保障民众生存权、发展权这一基本人权。

考诸先秦古籍,“民本”二字,最先见之于《尚书·夏书》之《五子之歌》。相传夏王朝第二代国君太康不恤民众,盘游无度而失国,其昆弟五人作歌以抒其怨愤之情:“皇祖有训:民可近,不可下。民惟邦本,本固邦宁。”意思是说皇祖大禹早有训诫:国君对民众只能亲近,不能令其失去生业。民众是国之根本,只有固本才能安国。[①] 其实只要不是拘于字面上是否一定要有“民本”二字,稍加解读就会发现先秦史籍中有大量的“以民为本”的记述。《尚书·虞书·大禹谟》就有“德为善政,政在养民,水、火、金、木、土、谷惟修”[②],即是说,为政以德方为善政,而善政的要旨在于养民,养民之本则先修“六府”(金、木、水、火、土、谷)以利民生。《尚书·虞书·皋陶谟》称:“天聪明自我民聪明,天明畏自我民明威。”上天视听人间政事得失以民为耳目,以民众之好恶为评判标准,借民众之行动展示天威,民众所背弃的失道之君上天将(借民之手)讨伐之。[③]《尚书·虞

---

① (清)阮元校刻:《尚书正义》卷7,《十三经注疏》,中华书局1980年版,第156页。
② (清)阮元校刻:《尚书正义》卷4,《十三经注疏》,中华书局1980年版,第135页。
③ (清)阮元校刻:《尚书正义》卷4,《十三经注疏》,中华书局1980年版,第139页。

书·大禹谟》《尚书·虞书·皋陶谟》虽然明面上还没有像《五子之歌》那样出现“民为邦本”的字样,但却实实在在体现出执政者当以民为本的理念。特别是《尚书·虞书·大禹谟》的那一段话,十分明显地反映出善政首先关注的就是民众的基本生存与发展问题。

先秦以来,“以民为本”在现实中的落脚点就是要保障民众最低限的生存权和发展权。《五子之歌》指斥太康“尸位以逸豫(荒废政事),灭厥德,黎民咸贰。乃盘游无度,畋于有洛之表,十旬弗反”。诸侯有穷氏的后羿“因民弗忍,距于河”,[①]致使太康失国。正是太康骄奢淫逸之行迫得民不聊生,民众起码的生存权都得不到保障,于是“黎民咸贰”,站到了太康的敌对立场上。诸侯后羿因此而发难,阻其返京,朝廷倾覆。商汤起兵伐夏桀,战前誓师作《汤誓》,称“今尔有众,汝曰:‘我后(夏桀)不恤我众,舍我穑事,而割正夏……’夏王率遏众力,率割夏邑,有众率怠弗协,曰:‘时日曷丧,予及汝皆亡’”。商汤指斥夏桀不恤民众,夺民农工,割剥黎民,劳役征赋沉重,民不堪命,民众发出了“予与汝(夏桀)皆亡”的悲号。于是商汤宣称“夏氏有罪,予畏上帝,不敢不正”,[②]故讨伐夏桀以正其罪。将商汤列举夏桀的种种罪状归结起来,就是剥夺了民众最基本的生存权和发展权,这就构成了“天命殛之”之罪。周武王大会诸侯于黄河孟津,声讨商纣王,作《泰誓》称:“今商王受,弗敬上天,降灾下民,沈湎冒色,敢行暴虐。罪人以族,官人以世,惟宫室台榭陂池侈服,以残害于尔万姓。焚炙忠良,刳剔孕妇,皇天震怒……商罪贯盈,天命诛之。”[③]归根结底,商纣王之罪,就是以十分出格的方式“残害尔万姓”,严重地损害了民众的生存权、发展权,于是周武王宣称“皇天震怒”“天命诛之”。《泰誓》还特别强调“天”与“民”的非同寻常的关系:“惟天地万物父母,惟人万物之灵……天矜于民,民之所欲,天必从之。”[④]《泰誓》的这段记述与《五子之歌》“民为邦本”的记述一样,被后世视作“以民为本”的民本主义思想的最直接、

① (清)阮元校刻:《尚书正义》卷7,《十三经注疏》,中华书局1980年版,第156页。
② (清)阮元校刻:《尚书正义》卷8,《十三经注疏》,中华书局1980年版,第160页。
③ (清)阮元校刻:《尚书正义》卷11,《十三经注疏》,中华书局1980年版,第180页。
④ (清)阮元校刻:《尚书正义》卷11,《十三经注疏》,中华书局1980年版,第181页。

最经典的依据。"民之所欲"者,民众的诉求也。前文已论及《泰誓》所言的"天必从之"的"民之所欲"所指为民众群体具有共性的诉求。而在当时的社会历史环境条件下,民众能够提出也敢于提出的只可能是保障最起码的生存权、发展权的诉求。因此,"以民为本"思想的核心是要求保障民众最起码的生存权、发展权这个首要的基本人权,应当说是完全成立的。

(二)先秦时期"以民为本"思想的源起与嬗变

1."以民为本"思想溯源

本书在第一章第一节引用了《汉书·刑法志》中"夫人……不仁爱则不能群"和《礼记·礼运》中"大道之行也天下为公"的那两段描述,从先民的"权利""义务"意识角度进行了探讨。而将这两段描述进一步深入分析,即可觑见以"保障民众生存权与发展权这个首要的基本人权"为核心的"以民为本"思想的源起。

马克思认为,"人是最名副其实的社会动物""孤立的一个人在社会之外进行生产……是不可思议的"。[①] 恩格斯说,人为了"实现自然界中的最伟大的进步,还需要一种因素:以群的联合力量和集体行动来弥补个体自卫能力的不足"。[②] 马克思、恩格斯的论述指出了人之所以是"社会的人"的必然性,中华民族的先贤对此也是有所体悟的。《汉书·刑法志》说"不能群则不胜物,不胜物则养不足"[③]。这一表述说明中华民族的先贤同样体悟到,如果人不是作为社会的人而存在,就无法生存繁衍下去的道理。然而一旦"成群"之后,在生活资料极度匮乏、"争心将作",矛盾在所难免的情况下,相互间"敬让博爱"才能维系群体正常秩序,而能否维持正常秩序则关系群体的生死存亡。而《礼记·礼运》对"大道之行天下为公"的所谓"大同"社会状况的描述,则是群体内部"敬让博爱"以妥善协调权利义务关系的行为规范的具体体现。初民社会中,人们的权利

---

① 《马克思恩格斯选集》(第2卷),人民出版社1972年版,第87页。
② 《马克思恩格斯选集》(第4卷),人民出版社1972年版,第29页。
③ (东汉)班固:《汉书》卷23,中华书局1962年版,第1079页。

意识是从动物的生存本能基础上发展起来的,但又超越了动物本能的一种更为复杂的意识,这种意识与每个个体的人能否得以生存紧密相联,说到底这就是“生存权”意识。与这种生存权利意识相依相存的是群体成员的“义务”意识,而义务意识发端于血缘关系。从原始群到氏族社会解体之前的漫长的历史时期内,血缘关系一直是维系人们群体的强有力的纽带。群体内成员之间的母子、兄弟、姊妹、舅甥以及“对偶家庭”和“父系家庭”的父子关系等,具有血缘和情感的天然联系,加之在与自然界的抗争中人们守望相助,生死相依,更是大大强化了这种意识。所以这种义务意识从根本上就是维护他人的生存权、进而保障群体得以繁衍的“发展权”。通过履行这些义务,反过来也保障了每个成员自身的生存与发展的权利,每个成员的生存状况都会受到群体的高度关注和尽心的维护,这既是群体得以存续和繁衍的必备条件,也是群体和成员们视作当然的理念。这些对初民社会状况的描述虽然没有“权利”“义务”的文字,但体现的恰恰是初民们应当享受的权利和必须承担的义务,这些权利和义务是紧紧围绕人们的基本生存权与发展权而产生的,初民社会的这种意识实际上就是最初的、最基本的人权意识。

值得指出的是,在当时那样的环境条件下,每个氏族成员的生存和繁衍问题都与整个氏族群体生存和繁衍息息相关。民众自然被视为一切之根本。最初的“人权”与“民本”意识都肇生于这种不可违反的自然法则,而后人将这种权利保障从道德角度美化成“大道之行”。当时产生的此种意识虽然只是对现实的一种朴素的反映,谈不上升华为思想理论,但可以肯定,在社会生活中,群体成员是居于主体地位的,以群体成员为本是群体一切活动的“目的”而绝非手段,应当而且必须遵守这个原则,是整个群体成员在思想上形成的共识。个别成员违反这个原则,是要受到群体惩罚的,情节严重的甚至会被放逐出自己所在的群体。对自然法则的遵循在漫长的历史时期内自然形成初民社会的一种传统习惯,不少学者又称其为“习惯法”。而被后人美化为“卓然先行敬让博爱之德”的“上圣”,即初民社会的酋长之类的作为公共权威的首脑人物,就是传统的“习惯法”的主要执行者和维护者。

2."以民为本"传统在"国家"形成初期的影响

阶级分化后,人类进入阶级社会,继而国家形成。在恩格斯看来,由于生产力发展导致阶级分化,产生了经济利益对立的阶级,"国家是从控制阶级对立的需要中产生的"[①],"国家"的职能是"缓和冲突",把阶级剥削和压迫保持在人民大众可以承受的限度内,这就需要国家保障普通民众最低限的生存权和发展权,否则,国家就没有产生的必要。

另外,从事物发展的客观规律而言,经过漫长的历史时期形成的无阶级社会所有传统,并非在进入阶级社会后短期中就会完全改变,那些对社会发展仍然具有很强适应性的传统,比如"以民(人)为本"、重视保障群体成员的基本生存权与发展权这样的传统,在社会意识中仍然要存续一段相当长的时间;替代了氏族部落酋长地位的以国君为代表的统治集团,也不可能产生立即抛弃"以民为本"习惯法的意识。因而,在"国家"形成初期,"以民为本"仍然被统治集团中不少人视作治国理政的原则,在"国家"这种新框架下的政治生活中继续发挥着它的影响,前文所引先秦重要的政治历史文献《尚书》中的记述,已为此提供了有力佐证。除《尚书》外,《周礼》、《国语》、《春秋三传》以及诸子百家的学说中,强调必须遵循"以民为本"的治理原则、要求必须保障民众最基本生存权和发展权的内容比比皆是。如《国语·周语》载刘康公对周定王言称:

> 为臣必臣,为君必君。宽肃宣惠,君也……宽所以保本也,肃所以济时也,宣所以教施也,惠所以和民也。本有保则必固,时动而济则无败功,教施而宣则徧,惠以和民则阜。若本固而功成,施徧而民阜,乃可以长保民矣,其何事不徹?[②]

强调为君之道一定要以民为本,保民而固本,本固而国安,就没有办不成的事情了。《周礼·大司徒》载,作为"六卿"之一的大司徒之责有:"以荒政十有二,聚万民,一曰散利、二曰薄征、三曰缓刑、四曰弛力……"即灾荒之年,朝廷除贷粮赈灾外,还要实行一系列的减轻赋税徭役的政

---

① 《马克思恩格斯选集》(第4卷),人民出版社1972年版,第166页。

② 《国语·周语中》,上海古籍出版社1978年版,第76页。

策。大司徒还负有以下之责:“以保息六,养万民,一曰慈幼、二曰养老、三曰振穷、四曰恤贫、五曰宽疾、六曰安富”,所谓保息,《周礼注疏》解释“保息”为“安之使蕃息也”。① 它们都非常明确地表示,保障民众生存权、发展权这一基本人权是“国家”的职责。十分明显,初民社会遵循自然法则形成的习惯法,在国家形成后的相当长的一段历史时期内,社会影响力仍然相当强固。

3.“以民为本”思想内涵的嬗变

在中华历史文化的概念中,“治道”,即治理之“道”,为“治国理政”必须自觉遵循的原则;而“治术”,即所谓治理之“术”,是统治集团在治国理政中为实现自己选择的政治目标而采用的手段和策略。对言必称“天”、视天为世间万物主宰的中国古人而言,治理之“道”必须是上依“天理”,下合民心,方才具有政治“合法性”;而治理之“术”虽然往往包装在冠冕堂皇的说辞之下,但就其实质而论只是实现统治者某个政治目标的手段。“道”的追求是要达到具有正当性的目的,“术”的使用是为达到正当或不正当目的的“手段”,二者是不能等量齐观的。

在严酷的自然选择条件下,经过漫长的历史时期形成的初民社会“以民(人)为本”的习惯法,发挥着维系初民社会正常秩序的作用,后世经过理想化的描述,视其为治理之“道”。替代了氏族部落酋长地位的以国君为代表的统治集团,也是不能立即抛弃“以民为本”作为“道”的习惯法。夏太康“尸位以逸豫,灭厥德,黎民咸贰”;诸侯后羿“因民弗忍,距(拒)于(黄)河”,②令太康不得返都而失国。这一史实体现了两个方面的问题:(1)氏族社会长期遵循的“以民为本”原则,在进入阶级社会后,已开始弱化,有的统治者已经为满足私欲而违背这一原则;(2)从后羿和太康的五个兄弟的表现来看,当时统治集团中不少人仍然具有坚持这一原则的意识,认为太康这种“尸位以逸豫”,不恤民众,是违反“以民为本”的“灭厥德”的“失道”行为,失去了统治的合法性,过在太康,故后羿因民众无法

① (清)阮元校刻:《周礼注疏》卷10,《十三经注疏》中华书局1980年版,第706页。
② (清)阮元校刻:《尚书正义》卷7,《十三经注疏》,中华书局1980年版,第156页。

忍受而断然采取拒其返都的行动，昆弟五人为表达怨愤之情而作歌对其指斥顺乎天理人情。

然而阶级社会的发展必然要遵循自身的发展规律，阶级利益的对立不断冲击和动摇这个传统的原则，虽然“民为邦本”“民之所欲，天必从之”作为治国理政的箴言由于具有广泛的群众基础而从未有人站出来公然否定，但其作为一种“治道”的自觉程度和刚性原则却逐渐被消磨。从“国家”形成后越来越多的先秦史籍记述中反映出，但凡出现强调要“从民之所欲”的记述时，往往表现为是对统治集团罔顾民众最基本的生存权、发展权造成祸乱之后的教训总结，这就反映出统治者违背这一原则已成普遍的、经常的现象。对越来越多的当权者而言，“从民之所欲”、保障民众基本生存权与发展权的意识已经不再具有初民社会时期遵守“习惯法”那种自觉性和主动性，而是将其看作一种迫于压力、不得不予以考虑的一种被动行为，这种认识已经离开了从“道”的范畴，逐步嬗变为以巩固统治为目的的用“术”。春秋以来随着地主土地所有制的迅速发展，各诸侯国均面临体制与制度的调整与改革，“从民之所欲”还是从“君”（统治集团的代表）之所欲（服从统治集团的利益和意志）之间的博弈，已是治国理政中不可回避的现象。但总的发展趋势是“以民为本”为治理之“道”的意识逐步式微，而以其为治理之“术”以“助官治民”在统治集团中渐成主流意识，只是由于社会意识中长期形成的一套打着“天”的旗号的理论支撑，[①]统治者才不敢公开否定“以民为本”“从民之所欲”的传统原则。统治集团欲为自己事实上背弃在初民社会就已形成的以“从民之所欲”、保障民众基本生存权和发展权为治理目的的传统，而将自身利益和意志置于首重位置、为“从民之所欲”服从“从君之所欲”的行为张目，就必须构建出一种新的理论来作为支撑。战国时期的商韩法家学说，就承担了这一理论建构的使命。

---

① 先秦史籍中此类记述甚多，如《尚书·虞书·大禹谟》：“帝德广运，乃圣乃神，乃武乃文，皇天眷命，奄有四海，为天下君”；《尚书·夏书·胤征》：“先王克谨天戒，臣人克有常宪”；《尚书·周书·召诰》：“皇天上帝，改厥元子”；《诗经·皇矣》：“皇矣上帝，临下有赫，监视四方，求民之莫”；《荀子·大略》：“天之生民，非为君也，天之立君，以为民也”等。

法家思想的勃兴与春秋战国时期发生的深刻社会变化的关系，学界早有定论，此处不赘述。法家思想就其属性的实质而言，是主张“以君为本”的君本主义。然而由于“以民为本”作为治国理政的原则传世日久，不仅有深厚的民意基础，而且戴着“天意”的光环，在社会心理意识中已根深蒂固，难以公然撼动，故从事理论建构的法家代表人物并非以直接的方式来否定“以民为本”和昌言“以君为本”。管仲是法家学派的先驱式代表人物，但管仲相齐时，其政策取向仍然比较注意“俗之所欲，因而予之；俗之所否，因而去之”①，可见其仍然关注“从民之所欲”的原则。但是到了战国时代，法家人物就不再提“从民之所欲”了。商鞅、韩非等法家代表人物遵循这样一个逻辑：“民之于利也，若水之于下也，四旁无择也”②，“民之有欲、有恶也”③，人皆有私心，趋利避害人之本性，而“古者，苍颉之作书也，自环者谓之私，背私谓之公，公私之相背也，乃苍颉固已知之矣”④，公与私生来就是矛盾对立的。而黔首下愚，“愚戆蓏惰之民，苦小费而忘大利”⑤，民众只知道如何满足眼前欲望，意识不到大众和国家长远的利益即“公利”之所在，往往损公利存私利，或贪一时之利而废长远根本之利。君主则不然，君主既为“家天下”，则君国一体，一荣俱荣，一损俱损，君主利益与国家民众的总体利益天然一致，因而只有君主才是公利的天然维护者。故君主之欲，都是以公利为出发点的。圣明的君主要“度于本，不从其欲（不须满足民众的个别诉求），期于利民而已”⑥。那么，何为公利自然由君主依法判断。而法家学说的基本教义又是“生法者君也……法于法者民也”⑦，君主制定之法，当然要首先“从君之所欲”，维护统治阶级的利益、服从统治集团的意志。商鞅宣称：“有高人之行者，固见非于世；有独知之虑者，必见敖于民。愚者闇于成事，知者见于未萌。

---

① （西汉）司马迁：《史记》卷62，中华书局1982年版，第2132页。
② 《商君书》卷5，《二十二子》，上海古籍出版社1986年版，第1113页。
③ 《商君书》卷2，《二十二子》，上海古籍出版社1986年版，第1105页。
④ 《商君书》卷19，《二十二子》，上海古籍出版社1986年版，第1184页。
⑤ 《商君书》卷5，《二十二子》，上海古籍出版社1986年版，第1135页。
⑥ 《韩非子》卷20，《二十二子》，上海古籍出版社1986年版，第1188页。
⑦ 《管子》卷15，《二十二子》，上海古籍出版社1986年版，第152页。

民不可与虑始而可与乐成。论至德者不和于俗，成大功者不谋于众。"①韩非则说"拂于民心立其治"②，这表明商韩法家已不仅仅是对个别民众的意愿不以为然，而是主张统治者"圣衷独断"，根本不需要顾及民众群体的意愿。这样一来，"天聪明自我民聪明""天视自我民视，天听自我民听"的古训自然就不在考虑之列，于是"民之所欲天必从之"的传统原则就无声无息被消解了。至此，商韩法家从理论上建构起"君之所欲"即为民之公利的逻辑，变相地否定了"从民之所欲"的"以民为本"的原则。商韩的法家思想理论取得了指导地位之后，一些体现"以民为本"、保障民众最起码的生命权、生存权传统的惯常政策被摒弃，一个典型的事例出自《韩非子·外储说右下》：

> 秦大饥，应侯请曰："五苑之草著蔬菜橡果枣栗，足以活民，请发之"。昭襄王曰："吾秦法使民有功而受赏，有罪而受诛。今发五苑之蔬果者，使民有功与无功俱赏也。夫使民有功与无功俱赏者，此乱之道也。夫发五苑而乱，不如弃枣蔬而治……生而乱不如死而治"。③

灾荒本是一种不可抗力，灾荒之年，按"荒政"惯例采取措施赈灾本是一种正常的习惯性的国家行为，是国家保障民众最低限的生存权的举措，是"以民为本"的传统原则在阶级社会的延续。秦昭襄王为了维护体现统治集团意志的"王法"的权威，居然不顾灾民死活，宁愿让王家私苑里的枣蔬烂掉也不同意用以赈救灾民。像在秦昭襄王这样的统治者心目中，已经完全抛弃了"民之所欲天必从之"的意识，民众完全沦为受制于君王之法、必须服从统治集团利益和意志的被治理的对象。秦一统天下，集法家学说之大成的韩非学说在国家治理思想中居于指导地位。秦始皇在国家统一方面虽然著功甚伟，但完全不顾及久经战乱之苦的民众的愿望与诉求，"以民为本"思想自然式微，直至秦亡汉兴后方才复苏。

---

① （西汉）司马迁：《史记》卷68，中华书局1982年版，第2229页。
② 《韩非子》卷5，《二十二子》，上海古籍出版社1986年版，第1135页。
③ 《韩非子》卷14，《二十二子》，上海古籍出版社1986年版，第1166页。

研究先秦“以民为本”思想内涵的嬗变,不能回避的一个问题是,必须阐明春秋以来一直作为“显学”的儒家学说在“以民为本”思想内涵的嬗变中扮演一个什么样的角色。近人对儒家思想的民本主义倾向进行了大量研究,一般均持肯定态度。但我国香港特别行政区、台湾地区学者和外国部分学者,对儒家民本思想的评价似有拔高之嫌。如比较系统研究中国古代民本主义的我国台湾地区学者金耀基先生认为“儒家民本思想之第一义是以人民为政治之主体”①。如果这种说法成立,那么儒家倡导的“民本”就成为统治者治国理政的“目的”了。然而不但在汉代复苏并经董仲舒改造、吸纳了大量法家思想因素的儒家思想无法达到这个高度,就是先秦时期孔子、孟子的思想,也未能达到且不可能达到此高度。

孔子思想学说的阶级属性当如何评估这一问题在新中国成立后起伏很大。其实如今来看,在林林总总的各家之说中,范文澜先生在其所著的《中国通史简编》中的分析,应当是最为平实之论。他说:“孔子学说是‘士’阶层思想的结晶”。② “士是统治阶级的最下一层,当他求仕干禄向上看时,表现出迎合上层贵族利益的保守思想,当他穷困不得志向下看时,表现出同情庶民的进步思想”。③ 从这个角度去观察认识以孔子思想为代表的儒家学说之“以民为本”思想内涵的主张,更加接近历史的真实。

以孔子学说为代表的先秦儒家思想以“仁”为核心,孔子从多个角度论述过“仁”,但考其本旨之义,即“仁者爱人”。董仲舒曾将“仁”者之爱推及一切生灵,说“质于爱民,以下至于鸟兽昆虫莫不爱,不爱奚足谓仁?”④可谓得“仁”之精义。孔子主张“节用而爱人,使民以时”⑤,“百姓足,君孰与不足;百姓不足,君孰与足”⑥,民众“不患寡而患不均,不患贫

---

① 金耀基:《中国民本思想史》,法律出版社 2008 年版,第 11 页。
② 范文澜:《中国通史简编》,人民出版社 1949 年版,第 202 页。
③ 范文澜:《中国通史简编》,人民出版社 1949 年版,第 201 ~ 202 页。
④ 《春秋繁露》卷 8,《二十二子》,上海古籍出版社 1986 年版,第 787 页。
⑤ (清)阮元校刻:《论语注疏》卷 1,《十三经注疏》,中华书局 1980 年版,第 2457 页。
⑥ (清)阮元校刻:《论语注疏》卷 12,《十三经注疏》,中华书局 1980 年版,第 2503 页。

而患不安”[1]，怒斥“苛政猛于虎”[2]。孔子讲“吾从周”，十分推崇文、武及周公的“敬天保民”思想，是十分认可“民之所欲，天必从之”治理原则的。前文已言及，所谓“天必从之”的“民欲”，实际上就是民众对最基本的生存权、发展权的诉求。既然这种“民欲”连上天都要顺从，作为“天子”的君主，负“代天保民”之责，自然也必须顺从这种“民欲”。十分明显，这正是范文澜先生所指出的“士”阶层“向下看”属性的具体体现。

但是，孔子的又一重要思想是“礼”。孔子对“礼”高度重视，甚至把“克己复礼”提高到“为仁”的高度。“礼”的核心所体现的实际上就是周以来确立的社会等级制度和等级秩序，是必须讲求“君君、臣臣、父父、子子”[3]、贵贱必须有别。按照这样的等级制度和等级秩序，每个人都处在一定的社会等级地位上，享受的权利和承担的义务也必须与所处的等级地位一致。不仅言行必须与等级地位相符，甚至思考的问题也应当与等级地位相符，即所谓的“思不出其位”[4]。所以，孔子主张的“爱人”，其实不是“平等”的爱，而是“差等”的爱，对君父之爱与对臣子之爱是不等价的。众所周知，孔子反对暴政，主张“德政”，他在《论语·为政》中讲：“为政以德，譬如北辰，居其所而众星共之”[5]。实行德政的君主犹如北极星高居中央，在国家政治中的中心和主体地位是不容置疑的。而万众对于君主，则像众星对北极星一样环绕之、拱卫之，这当然不是充当政治主体的角色。孔子在《论语·子路》中说：“上好礼，则民莫敢不敬；上好义，则民莫敢不服；上好信，则民莫敢不用情”[6]。几个“民莫敢”十分明确地表明，这里的“礼”“义”“信”都是被作为一种“治民”的统治手段在使用。孔子在《论语·为政》中又说：“道(导)之以政，齐之以刑，民免而无耻；道

① (清)阮元校刻:《论语注疏》卷16,《十三经注疏》,中华书局1980年版,第2520页。

② (清)阮元校刻:《礼记正义》卷10,《十三经注疏》,中华书局1980年版,第1313页。

③ (清)阮元校刻:《论语注疏》卷12,《十三经注疏》,中华书局1980年版,第2503～2504页。

④ (清)阮元校刻:《论语注疏》卷14,《十三经注疏》,中华书局1980年版,第2512页。

⑤ (清)阮元校刻:《论语注疏》卷2,《十三经注疏》,中华书局1980年版,第2461页。

⑥ (清)阮元校刻:《论语注疏》卷13,《十三经注疏》,中华书局1980年版,第2506页。

之以德，齐之以礼，有耻且格”①，足以见得在孔子心目中，以君主为代表的统治集团当然地居于政治主体地位，无论是用“刑”还是用“德”，都是“治”民的、维持正常秩序的统治手段。作为“下愚”的民众，始终居于被“治理”的被动地位，这也正好反映了当时“士”阶层“向上看”的政治属性。

孟子被后世儒家尊奉为“亚圣”，他将孔子的“仁”学发挥到政治领域，倡行“仁政”以及主张“民为贵、社稷次之、君为轻”。② 其实孟子“民贵君轻”之说，不经意之中道出了古代“国家”的所有实体性要素（而国家的“主权”概念是源于《威斯特伐利亚和约》之后出现的近代国际社会的规则）。在孟子看来，就古代国家的三个实体性要素的重要程度而论，没有了人民和土地，国君是皮之不存毛将焉附。国君可以更换替代，人民土地则是不可或缺的。但是，在孟子心目中，民众的重要性虽然在君主之上，而在国家治理中却并非居于主体地位。孟子一再强调：“劳心者（君）治人，劳力者（民）治于人。治于人者食人，治人者食于人，天下之通义也”③，清晰明了地说明了民众在国家的政治生活中，只是被居于主体地位的“劳心者”（以君主为代表的统治集团）治理的对象。

由此可见，身处于阶级社会已有较长时期的发展、阶级对抗已十分尖锐激烈的社会环境中的以孔孟为代表的先秦儒家，其心目中的“民为邦本”，已经失去阶级分化之前的初民社会那种群体成员居主体地位的现实基础，已由必须主动自觉遵循的治理之“道”，嬗变为调节阶级矛盾、把冲突控制在“秩序”范围内的以求“邦宁”之“术”。

尽管如此，孔孟儒家对“以民为本”的民本主义传统的态度与商韩法家还是有很大的差异的。《孟子·梁惠王》载孟子与齐宣王的问对：

> 齐宣王问曰：“汤放桀，武王伐纣，有诸？”孟子对曰：“于传有之。”曰：“臣弑其君，可乎？”曰：“贼仁者谓之贼，贼义者谓之残；残贼

---

① （清）阮元校刻：《论语注疏》卷2，《十三经注疏》，中华书局1980年版，第2461页。
② （清）阮元校刻：《孟子注疏》卷14，《十三经注疏》，中华书局1980年版，第2774页。
③ （清）阮元校刻：《孟子注疏》卷5，《十三经注疏》，中华书局1980年版，第2705页。

之人，谓之一夫。闻诛一夫纣矣，未闻弑君也。”①

“汤武革命”就是打着“天”的旗号“弔民伐罪”。从齐宣王对“汤武革命”的正当性提出的质疑可以看出，无阶级社会形成的体现“以民为本”精神的习惯法的影响已经式微。而孟子对“汤武革命”正当性的肯定，表明孔孟儒家始终不放弃“以民为本”传统思想中“必须保障民众最低限的生存权与发展权”的主张，将能否顾及民众最起码生存与发展诉求的“民欲”，作为检测统治者合法性的底线。

（三）“以民为本”思想的系统化、理论化升华

1. 西汉前期“与民休息”的基本政策和“清静无为”的治国思想

“民为邦本，本固邦宁”，自先秦至汉，从口口相传到文字记述，历史的发展已多次证明这是一种客观必然。商韩法家特别是集法家学说之大成的韩非理论把君主代表公利的问题说得太绝对，完全未能顾及国君的意志只有真正能够“利民萌，便众庶”②时才能代表公利。秦始皇完成天下一统的大业，书同文，车同轨，厥功至伟，但却未能认识到人民向往天下一统结束战乱的“民欲”的巨大推动作用，也未能体会到长期战乱之后“士民罷敝……冀得安其性命”③的强烈愿望，未能及时调整政策去从民之所欲，以至于“收泰半（三分之二）之赋，发里左之戍，男子力耕不足粮饟，女子纺绩不足衣服。竭天下之资财以奉其政，犹未足以澹其欲也。海内愁怨，遂用溃畔”。④ 而这种远远超过民众所能承受的赋税徭役的苛政，又是靠严酷的刑罚来推动的。《汉书·刑法志》称秦人为政，“专任刑罚，躬操文墨”，百姓摇手触禁，“赭衣塞路，囹圄成市”⑤，于是终至二世而亡，作为罔顾百姓基本人权而王朝倾覆的典型事例被载入史册。

汉高帝刘邦起自草莽，十分了解民情，且有过人的思虑，非常清楚陈胜振臂一呼天下响应的原因，从举义一开始就懂得要积极争取民心。刘

---

① （清）阮元校刻：《孟子注疏》卷2，《十三经注疏》，中华书局1980年版，第2679页。

② 《韩非子》卷17，《二十二子》，上海古籍出版社1986年版，第1176页。

③ 《贾谊新书》卷1，《传世藏书》第19集，三秦出版社1999年版，第422～423页。

④ （东汉）班固：《汉书》卷24，中华书局1962年版，第1126页。

⑤ （东汉）班固：《汉书》卷23，中华书局1962年版，第1096页。

邦一进入关中，立刻封府库，去秦苛法，与民约法三章，并婉拒百姓劳军的牛羊酒食。这些举动深得民心，关中之民“唯恐刘邦不为秦王”。而项羽不仅坑秦降卒二十余万，入关后对秦民又进行报复性的屠杀，“所过无不残灭”[①]。关中秦民几乎家家戴孝，对项羽恨之入骨。因而在楚汉相争刘邦屡战屡败的情况下，关中民众咬紧牙关支持刘邦，人丁军饷源源不断补充汉军，故汉军总能衰而复振，终于取得最后胜利。

汉初江山草创，民间社会大乱之余，经济残破百废待兴。统治集团内部矛盾交织，四邻有匈奴、南越等强敌环伺，王朝统治的巩固面临重大威胁。不仅刘邦深知时局艰难，其统治集团核心多数出身社会底层，他们对大乱之余的经济破坏、民生凋敝的现实社会状况也十分清楚，对此时的“民欲”为何也十分明白。为求得政权的巩固，西汉之初较长时期坚持实行“轻徭薄赋，与民休息”的方针政策。汉高帝即位后，立即下诏罢兵归农，而且多次下诏大面积复除徭役，使百姓能致力于恢复生产。王朝废除秦时“收泰半之赋”的恶政，“轻田租十五而税一（十五分之一），量吏禄，度官用，以赋于民”[②]。在立法施度方面，汉初统治集团坚持“讲若画一”[③]，即能宽则宽，保持政策的稳定性。这种“轻徭薄赋，与民休息”的政策，在惠帝、吕后、文帝、景帝在位的七八十年间，一直被作为既定国策长期坚持实行，终于造就了为后世称道的“文景之治”。

西汉前期“轻徭薄赋，与民休息”的政策实质上体现的是“以民为本”的治国思想，但汉初统治集团并没有将其作为统治的指导理论明确地提出来，其主要原因在于：秦王朝确立的体制与制度，实际上是集春秋战国以来中原各国制度发展之大成，是与土地私有制的发展和统一趋势发展相适应的，因而在体制和制度上“汉承秦制”几乎是顺理成章不可逆转的必然结果。秦王朝的问题不是出在体制与制度上，而是出在政策上，汉王

---

① （东汉）班固：《汉书》卷1，中华书局1962年版，第27页。

② （东汉）班固：《汉书》卷4，中华书局1962年版，第1127页。

③ （东汉）班固：《汉书》卷39，中华书局1962年版，第2021页。

朝需要调整的主要是政策。[①] 秦王朝的统治是以商韩法家的君本主义为指导理论的，自商鞅变法以来已行六世150余年，其治国理政的政治哲学，不可能说变就变。且秦王朝在一统天下之后，实行了一系列严厉打压百家学说的政策，锋芒所向，儒家学说首当其冲：“有敢偶语《诗》、《书》者弃市，以古非今者族，吏见之不举者与同罪”[②]。经“焚书坑儒”这样的毁灭性打击后，儒家学派元气大伤，根本没有取代法家马上登上政治舞台的能力。因而，在完全没有思想基础和理论准备的情况下，在治国理政的政治哲学上作“急转弯”，立即提出以先秦的“以民为本”思想作指导，是根本办不到的。

其实先秦诸子百家，真正系统论及治理之道、具有作为统治指导理论的资格者，莫非儒、墨、道、法四家而已。墨家由于“民本”倾向太强烈，统治集团无法接受；商韩法家特别是韩非思想理论的君本主义太绝对，指导施政下的秦王朝二世而亡，汉初被精英集团作为教训进行总结；儒家在饱受打击之后一时未能复苏，且儒家学说在未经改造前不少内容已无法适应土地私有制发展造成的社会变化和不可逆转的大一统政治格局的需要，无法担当治国理论的重任。于是，可资利用者只有道家之说。

本来“轻徭薄赋，与民休息”完全是王朝从现实出发的、不能不实行的政策，但是对于讲求“名不正则言不顺”的中国先民而言，总是要千方百计为自己的政策找出一个合适的理论支撑，真正与当时政策合适的治国理论就是“以民为本”思想理论，但这个理论却因前文所述原因而未见有人提出，汉王朝此时正面临治国理论的贫困时期。后来终于由相国曹参等人找到一个所谓的“清静无为”的“黄老之学”来作为王朝现行政策的理论支撑。《史记·曹相国世家》称，曹参为汉王朝封国齐国的国相时：

> 尽召长老诸生，问所以安集百姓，如齐故诸儒以百数，言人人殊，参未知所定。闻胶西有盖公，善治黄老言，使人厚币请之。既见盖

① 陈玉屏：《汉王朝基本政策及其历史影响》，载《西南民族大学学报（人文社科版）》2016年第9期。

② （西汉）司马迁：《史记》卷6，中华书局1959年版，第254页。

公,盖公为言治道贵清静而民自定,推此类具言之。参于是避正堂,舍盖公焉。其治要用黄老之术,故相齐九年,齐国安集,大称贤相。①

所谓“治道贵清静而民自定”,出自《老子》第57章,“我无为而民自化,我好静而民自正,我无事而民自富,我无欲而民自朴”②。所强调的是保持政策的稳定性,因为政令多变必致滋事扰民;只有不折腾,才有利于百姓休养生息。十分明显,西汉王朝建立后一系列“轻徭薄赋,与民休息”的政策保障了民众在秦王朝苛政和秦末大乱之后的休养生息,而黄老的理论指导则保证了这一政策的稳定性,二者发挥的社会效应确实是相得益彰。但是从治国理政的理论角度而言,所谓“黄老之术”的来历却有些不明不白。《史记·乐毅列传》述及西汉初黄老学派的渊源:

乐氏之族有乐瑕公、乐臣(一作“巨”)公……乐臣公学黄帝、老子,其本师号曰河上丈人,不知其所出。河上丈人教安期生,安期生教毛翕公,毛翕公教乐瑕公,乐瑕公教乐臣公,乐臣公教盖公,盖公教于齐高密、胶西,为曹相国师。③

早有学者指出“黄老之学的谱系渊源远不像儒、墨、法诸家那样清楚,根本无法考实;托言黄帝的诸家杂说,太史公时期已称‘其文不雅驯,荐绅先生难言之’。从近人所作的大量研究看,汉初所言之黄老,当归类于道家”。④ 而且,“轻徭薄赋”政策早已执行多年,才出现一个所谓胶西盖公的“黄老之术”,所以汉王朝的“轻徭薄赋,与民休息”的政策并不是“理论指导下的运动”。因此,王朝的政策虽然完全体现了“以民为本”的核心原则——保障民众生存权、发展权这一基本人权,但并不意味着“以民为本”作为治国原则在汉初统治集团的认识上得到自觉性的回归。

2. 董仲舒对“以民为本”思想系统化、理论化升华

经过坚持执行几十年的休养生息政策,西汉王朝出现中国历史上第

① 《老子》下篇第57章,《二十二子》,上海古籍出版社1986年版,第7页。
② 《老子》下篇第57章,《二十二子》,上海古籍出版社1986年版,第7页。
③ (西汉)司马迁:《史记》卷80,中华书局1959年版,第2436页。
④ 陈玉屏:《西汉前期的政坛》,成都出版社1996年版,第151页。

一个有名的治世——“文景之治”，在这段时期，儒家学说逐步复苏。由于儒学具有“持险应变曲当，与时迁移，与世偃仰，千举万变，其道一也”①的与时俱进以求治的精神，比其他学派对地主土地所有制的封建生产关系不断发展的社会具有更强烈的适应性而为统治阶级所重视。经过“文景之治”积蓄起巨大经济实力和政治实力的统治集团不愿再受“清静无为”的黄老之学的束缚，王朝需要一种与历史发展相适应的新的统治理论。时代的需要促使“独尊儒术”这一重大历史事件的出现。有学者指出，“取得独尊地位的儒学，是经过改造的儒学……把法家尊君抑臣、维护专制集权的内容保留下来，又将阴阳家学说糅杂进去，神化君主权力，鼓吹德刑相间、德主刑辅的统治之术，使儒家学说从先秦儒学中脱胎换骨，成为了维护封建专制主义制度的学说”。② 反映了学术界对汉代“独尊儒术”本质的普遍看法。

汉初统治阶级的精英集团在总结秦王朝二世而亡的历史教训时，仍然面临着“国家”产生后就存在并不断发展着的这样一个矛盾：在首先服从统治集团的利益和意志的政治生态下，如何保障民众最起码的生存权与发展权这一基本人权。作为先秦儒学重要内容一直传承下来的、以保障基本人权为核心内容的“以民为本”思想，如何在改造后的儒学中占据应有的位置，发挥避免阶级矛盾激化导致“自己与社会消灭”的作用。当时的“君权天授”已成社会共识，不论从体制、制度还是在社会心理条件下均无法建立依靠法律制衡权力的规则。唯一可行的方式就是利用人们对超强的自然灾害现象不可知而心生敬畏的心理，对“君权天授”理论在利用的基础上进行改造，构建起一种使君主为代表的统治集团有所忌惮的思想理论，来为“以民为本”的民本主义思想张目，以此来保障民众最基本的生存权与发展权，求得“本固邦宁”，将冲突保持在“秩序”的范围以内。

在中华传统文化中，能够凌驾于君主之上的权威只有“天”。“天”是

---

① 《荀子》卷4，《二十二子》，上海古籍出版社1986年版，第302页。

② 陈玉屏：《西汉前期的政坛》，成都出版社1996年版，第232页。

一种至高无上的、有自觉意志的神秘力量。“天”与人有一种极为特殊的关系:“惟天地万物父母,惟人万物之灵。”①世间万物皆由“天”所生,而“天”尤其钟爱矜怜作为“万物之灵”的人。由于“人”是作为社会的人而存在,人类社会无政府是不行的,“百姓不能以自治,故立君以司牧”②。而主宰万物的“天”、芸芸众生的万民、“牧养”万民的君主三者之间是一种什么样的关系呢?“天之生民非为王也,而天立王以为民也”③,简单而言,君主就是“天”选择出来“代天保民”的。

将“以民为本”说成是天意,在先秦文献记述中可谓源远流长。记述传说中的大舜时代的文献《尚书·虞书》之《皋陶谟》就说“天聪明自我民聪明”④,天的耳聪目明是因民之耳聪目明而来。虽然《皋陶谟》这一篇是由孔子整理的先秦文献,还是后世儒生假托孔子之名补入的仍然存在争议,但《尚书·周书·泰誓》中,确有与《皋陶谟》几乎完全相同的说法,称“天视自我民视,天听自我民听”⑤。“天”是无时无刻不在关注自己选择的代理人在民间统治的得与失的,而且是以民众为耳目来视听并作为判断标准的。如果君主不称职,上天就要“改厥元子”⑥,即改朝换代,另选一个君主来代天保民。商代夏,周代商,都是上天“改厥元子”的典型事例。《尚书·商书》之《仲虺之诰》称夏桀昏乱不恤百姓,“民众涂炭”,上天赐商汤以勇智,推翻夏桀、“表正万邦”⑦而为新君。周武王伐商纣,誓师黄河边之孟津,作《泰誓》,称“天矜于民,民之所欲,天必从之”⑧,指责商纣“自绝于天,结怨于民”⑨,“商罪贯盈,天命诛之”⑩,周是奉“天”之命讨伐商纣的。从这些中华古文献的记述来看,先秦以来的传统文化中,打

---

① (清)阮元校刻:《尚书正义》卷11,《十三经注疏》,中华书局1980年版,第180页。
② (北齐)魏收:《魏书》卷113,中华书局1974年版,第2971页。
③ 《春秋繁露》卷7,《二十二子》,上海古籍出版社1986年版,第785页。
④ (清)阮元校刻:《尚书正义》卷4,《十三经注疏》,中华书局1980年版,第139页。
⑤ (清)阮元校刻:《尚书正义》卷11,《十三经注疏》,中华书局1980年版,第181页。
⑥ (清)阮元校刻:《尚书正义》卷15,《十三经注疏》,中华书局1980年版,第212页。
⑦ (清)阮元校刻:《尚书正义》卷8,《十三经注疏》,中华书局1980年版,第161页。
⑧ (清)阮元校刻:《尚书正义》卷11,《十三经注疏》,中华书局1980年版,第181页。
⑨ (清)阮元校刻:《尚书正义》卷11,《十三经注疏》,中华书局1980年版,第182页。
⑩ (清)阮元校刻:《尚书正义》卷11,《十三经注疏》,中华书局1980年版,第181页。

着“天”的旗号体现“以民为本”思想的记载绝非是一时一事的只言片语，而是一以贯之的、是随处可见的粒粒散珠，需要有人将其汇聚起来，精心排布，用一条红线贯串起来成为光彩夺目的饰品。西汉初天下大定，各家纷纷总结三代以来治乱兴衰之道，特别是在总结秦二世而亡的历史教训时，将“以民为本”思想进一步系统化、理论化的时代需要提上日程。随着儒家学说的复兴，大儒董仲舒集先秦以来“以民为本”思想之大成的“天人感应”理论应运而生。

在中华先民的心目中，“天”具有人格化的自觉意志，但“天”与西方文化中的“上帝”不一样，“天”毕竟是“大象无形”、缺乏具体形象的虚无缥缈的东西，说它无时无刻不在视听人间世事，确实太缺乏实感性。董仲舒试图拿“天”做文章，就必须在前人的基础上有所发展和创新。他糅杂阴阳五行学说，构建了一整套极有系统性和理论色彩的“天”人关系的理论。他是这样来建立“天”和人的紧密关系的：

> 为生不能为人，为人者，天也。人之人，本于天，天亦人之曾祖父也，此人之所以乃上类天也。人之形体化天数而成，人之血气化天志而仁，人之德行化天理而义，人之好恶化天之暖清，人之喜怒化天之寒暑，人之受命化天之四时。人生有喜怒哀乐之答春秋冬夏之类也……①

董仲舒之所以说“为生不能为人，为人者，天也”是很有考究的，此言实际上照应了《泰誓》中“惟天地万物父母，惟人万物之灵”②的说法。万物均由天生，但人与其他生灵具有本质上的不同。而哪些可以生而为人，这完全是上天的选择，上天是比照着自己的样子来“生”人的，所以人才是其他万物都不能比拟的“万物之灵”。这就确立了人远远超越世间万物的珍贵地位，其中就暗含了先秦儒家“民贵”的主张。表面上董仲舒在说“人像天”（法像于天），将人神格化，借以抬高人的地位，但实际上人们却自然而然地按照“天像人”来理解，构建起“天”与人之间的非同寻常的

---

① 《春秋繁露》卷11，《二十二子》，上海古籍出版社1986年版，第793页。

② （清）阮元校刻：《尚书正义》卷11，《十三经注疏》，中华书局1980年版，第180页。

关系，这就又照应了《泰誓》所言的“天矜于民。民之所欲，天必从之”[①]的“以民为本”的精神。

董仲舒在构建起如此密切的天人关系以后，就要在此基础上去锻造一柄在精神上极具威慑作用的“达摩克利斯之剑”，这就是“天人感应”的“灾异”之说：

> 天地之物有不常之变者谓之异，小者谓之灾，灾常先至而异乃随之。灾者天之谴也，异者天之威也……凡灾异之本尽生于国家之失。国家之失乃始萌芽，而天出灾害以谴告之；谴告之而不知变，乃见怪异以惊骇之；惊骇之尚不知畏恐，其殃咎乃至。[②]

按照董仲舒的说法，人世间之所以出现大大小小的“灾”（反常现象）与“异”（极度反常的现象），“灾异之本尽生于国家之失”，系上天对统治者过失的谴告，如天象示警仍不知醒悟悔改，就会“殃咎乃至”。也就是说，如果对保障民众最基本的生存权、发展权这一政治合法性的底线都不予顾及，“其恶足以贼害民者天夺之”[③]，上天就要“改厥元子”，另外选择一个“天子”来作为自己的代理人。董仲舒的这套理论，我们只须将其中的“天”改为“人们”或“民众”，就不难发现其主张与启蒙运动中的社会契约论的主张在本质上的一致性：人们将一部分权利转让给国家，国家有责任保护人们的权利。如果它反过来侵犯人们的权利，民众就可以起而反对甚至推翻它。“灾异”之说不仅将“天”与人的关系和如何“视听”与干预人世阐释得十分具体、形象，并对违“天”的后果联系自然现象描述得十分具体且具有威慑性，整个理论演绎得如此完整，逻辑如此清晰，设计出这样一个凌驾于君王之上、具有人格化的意志和对君王有生杀予夺的权利、且时时监视着人事并准备随时出手干预的“天”，没有一个君王是敢于不存忌惮之心的。通过董仲舒如此演绎，君王在人世间的至高无上、不受制衡的权威，必须屈从于更高更大的“天”的权威，董仲舒认为这就

---

① （清）阮元校刻：《尚书正义》卷11，《十三经注疏》，中华书局1980年版，第181页。

② 《春秋繁露》卷9，《二十二子》，上海古籍出版社1986年版，第788页。

③ 《春秋繁露》卷8，《二十二子》，上海古籍出版社1986年版，第785页。

是“屈君而伸天”①。

那么“天”又是以什么作为标准来判定人世间政事得失的呢？董仲舒说“王者欲有所为，宜求其端于天”②“道之大原出于天，天不变，道亦不变”③。“道”与“天”共存，具有永恒不变的准则，“天”就是根据这些准则来判定和干预人世间的政事得失的。然而“天”既无形又无声，那么人世间谁又具有对天道的解释权呢？董仲舒说“圣人法天而立道”“道者，所由适于治之路也（适宜于治理的途径），仁义礼乐皆其具也。”④天道用于人事，即体现为礼乐教化、尚德缓刑的“王道”。这样一来，董仲舒将“圣人之道”（“王道”）抬到了“天”意的高度。众所周知，阐释“圣人之道”的儒家思想理论十分明确地继承了先秦以来以民心为“天”心的“以民为本”精神，是要求遵循“民为邦本”“从民之所欲”的基本原则的。既然以“圣人之道”去作为判定政事得失的标准，那么保障民众的生存权和发展权（民之所欲）这一基本人权自然就成了统治者治国理政必须遵循的原则。

董仲舒集先秦以来“以民为本”的民本主义思想之大成，进而将其升华构建起一个系统性、理论性极强的“天人感应”理论，为这种强调必须保障民众生存权、发展权的“以民为本”思想披上了神学的外衣，使此后历朝历代统治者不论乐意不乐意，都不敢公然反对。“天人感应”理论作为“儒术独尊”的重要内容为后世两千年历代王朝所尊奉，国家必须保障基本人权的“以民为本”思想也得以相传相继，成为中华传统文化的重要内容。尽管保障基本人权的“以民为本”原则在程序法则和制度操作的刚性程度上并不十分理想，只能或断或续、因时而异地得到一些政策法规方面的体现，但其在社会意识和社会舆论方面却占据了制高点，在保障民众基本人权方面发挥了积极的历史性作用。

中国古代很早就具有了从氏族部落社会遵循自然法则的“习惯法”

---

① 《春秋繁露》卷1，《二十二子》，上海古籍出版社1986年版，第770页。

② （东汉）班固：《汉书》卷56，中华书局1962年版，第2502页。

③ （东汉）班固：《汉书》卷56，中华书局1962年版，第2519页。

④ （东汉）班固：《汉书》卷56，中华书局1962年版，第2499页。

发展而成的人权思想,这种以民本主义为主要表现形式、以保障民众最基本的生存权与发展权为核心内容的思想,自先秦至汉的发展脉络十分清晰,直至董仲舒“天人感应”理论出台且被统治者(国家)接受、成为后世两千年历代王朝实施统治的指导理论的重要内容,对中国的历史和社会的发展演进以及民族心理特征的形成,都产生了重大的影响。“以民为本”思想具有如此鲜明的人权属性,我们还能够说“中国传统文化当中没有产生人权思想”吗?尽管董仲舒巧妙地将保障民众基本人权蕴含其中的“天人感应”理论披上神学外衣(西方人权思想在传承中与“上帝”也不是完全不发生关系的),但就其实质而论针对的却是人间世事,尽管其强调的仅仅是民众最基本的生存权与发展权保障问题,但这恰恰是首要的基本人权,其保障基本人权的思想学说当然是当之无愧的人权思想学说。如果将董仲舒的学说与霍布斯、格劳秀斯、斯宾诺莎、洛克等启蒙思想家中任何一个人的人权学说相比较,虽各具不同的国情、不同的文化渊源和时代特点以及不同的价值取向,但就其思想学说的系统化、理论化的程度以及对后世的影响而论,董仲舒并不输于其中任何一人。霍布斯们的思想理论被认为“终于形成了系统化的人权学说”①,霍布斯、格劳秀斯、斯宾诺莎、洛克等每个人的思想理论均被无争议地视为人权思想理论,而对董仲舒的系统化、理论化程度达到如此高度的思想理论视而不见,或者说仅仅只能算作人权思想的“萌芽状态”,我以为是厚此薄彼、有失公允的。鉴于此,“中国历史上没有出现人权思想和概念”的观点恐怕应该重新得到认知:西方启蒙运动中发展起来的人权思想仅仅是现代人权思想的一个“源”;而产生远远早于西方人权思想的、以保障民众生存权、发展权为核心的“以民为本”中华传统人权思想,则应当是现代人权思想的另一个“源”。当今中国特色社会主义人权思想理论中,居于首要和核心地位的是彰显集体主义精神的人民大众的生存权与发展权,这是大有历史和文化渊源的。

---

① 徐显明主编:《人权法原理》,中国政法大学出版社 2008 年版,第 7 页。

第三章 “以民为本”治国思想的法律转化

一、先秦时期治国思想的法律转化

中华大地初民社会因循自然法则形成的保障群体所有成员最基本的生存权和发展权的“习惯法”,在社会发展进入“国家”阶段以后,逐步形成了明晰的“以民为本”的政治哲学思想观念。这种从漫长的初民社会和阶级社会初期的社会生活实践中固化、升华而成的观念,最终会回到治国理政的社会实践中去发挥作用。“以民为本”作为一种具有人权属性的治国思想理论,必然会向法律法规转化。中国古代早有人权思想在一些学人中不被承认,或者不承认“以民为本”思想的人权属性的一个重要原因,就是未见实在法的法条中存在“以民为本”的明文规定。先秦时期是中华法文化肇始的重要时期,从中华法文化自身特点和语境出发,正确认识和解读“以民为本”治国思想的实在法功能,对后续研究十分必要。

(一)“习惯”、“观念”与实在法

恩格斯在《论住宅问题》一文中论述了人类社会发展过程中“规则”、“习惯”、“法律”与“国家”产生的关系①,同时也反映出,观念的形成源于在社会生活中共同认可的规则基础上的共同遵守的习惯。前国家时期的初民社会对习惯的遵守主要依靠社会舆论督促下的个人自觉性,但并不排除对个别违反者进行一定的惩处,严重的甚至要被逐出自身所在的人们群体,这种处罚在中华先民口中称“放”(流放)。这种包含遵守规则和对违反规则行为进行惩处的“习惯”因此也被称为“习惯法”,因为实际上它已经具有了公共权威(氏族大会或氏族酋长等)的支持。

随着社会的发展和生产、交换活动的日益复杂化,“违规”行为不仅大大增多而且更加复杂,这就需要更为规范、更为明晰的预先防范和事后惩戒的规则与更加强有力的公共权威来支持,法律和国家因此而产生。因而,由习惯升华而成的观念与实在法之间并不存在太大的距离。先秦时期国家和法律均属初创,律法设置和程序法均很不完善,治国理政中法无明文而循源于传统习惯的观念行事是非常普遍的现象,这是我们在探讨“以民为本”的人权思想的实在法功能时必须认识到的。

(二)先秦法文化中的“礼”与“法”

中华法文化与西方法文化的差异巨大,仅中华法文化中的“礼”与“法”的关系,恐怕没有多少西方学者能够真正说得清、道得明。要阐释“以民为本”治国思想的实在法功能,就必须首先扼要叙述先秦社会“礼”与“法”的关系。

《左传》是这样来界定“礼”的:“夫礼者,天之经也,地之义也,民之行也。天地之经,而民则之,则天之明,因地之性。”②也就是说,“礼”是世人效法天地的准则。而《礼记·曲礼》则说得十分具体:

> 道德仁义,非礼不成;教训正俗,非礼不备;分争辩讼,非礼不决;

---

① 《马克思恩格斯选集》(第2卷),人民出版社1972年版,第539页。

② (清)阮元校刻:《左传正义》卷51,《十三经注疏》,中华书局1980年版,第2107页。

君臣上下,父子兄弟,非礼不定;宦学事师,非礼不亲;班朝治军,涖官行法,非礼威严不行;祷词祭祀,供给鬼神,非礼不诚不庄。①

对“礼”作如此定位,实际上成了从治国理政到民间社会生活的一切行为都必须遵循的准则。循礼,即是“则天之明,因地之性”。周密在《中国刑法史》一书中称:“礼,全面体现了统治阶级的意志,并代表了他们的阶级利益,它实质上就是法,其内容含义广于法,包括的范围,大于法,但是它又不完全等同于法。”②恩格斯提出人类社会需要规则,没有规则就无法维系社会的正常秩序。而初民社会的规则是在漫长的历史发展进程中,人们从必须遵循的自然法则中体悟出来的,久而久之固化为“习惯”,形成社会规范,这实际上就是最初的“礼”。由于最初的“礼”是严酷的自然选择作用于人们的结果,比如初民社会发展到氏族社会阶段,人们所遵循的同一血源不能婚配之“礼”,就是在漫长的历史进程中,人们从生存繁衍的自然法则中体悟出来并由人们自觉遵守的。初民社会主要依靠舆论的倡导和督促来促使人们守“礼”,以维系正常的社会秩序。但随着社会的发展和矛盾的复杂化,作为“习惯”的规范不断被违反、被破坏,仅仅依靠舆论已无法使一些人保持守“礼”的自觉性,于是需要对这种违反规范破坏秩序的行为进行吓阻和惩戒,这就是恩格斯所说的“这个规则……后来就变成了法律”。十分明显,正如周密所论述的那样,“礼,为应为行为的倡导规定,教育人们自觉履行其应为行为;法,则是不应为行为的限制规定,禁止人们实施不应为的行为”。③ 二者之间的关系则为“礼禁未然之前,法施已然之后”④,或者更明确的表现则为:“礼之所去,刑之所取,失礼则入刑,相为表里者也。”⑤二者联系如此之紧密,这就是周密称“(礼)实质上就是法……但是它又不完全等同于法”的道理之所在。

这样一来,中华法文化的发展历史上就出现了一个有异于源于古希

---

① (清)阮元校刻:《礼记正义》卷1,《十三经注疏》,中华书局1980年版,第1231页。
② 周密:《中国刑法史》,群众出版社1985年版,第55页。
③ 周密:《中国刑法史》,群众出版社1985年版,第108页。
④ (西汉)司马迁:《史记》卷130,中华书局1982年版,第3298页。
⑤ (南朝宋)范晔:《后汉书》卷46,中华书局1965年版,第1554页。

腊、古罗马的西方法文化的现象。前文已言及,古代欧洲人强调个人的权利,主要靠法律来实现个人权利与义务的平衡,因而法条在整个社会生活中的重要性和对律法的发展与法条完善要求的迫切性,是无法同中国古代社会相比较的。“古罗马有一个具有独立意识、独立追求和独立地位的法学家阶层。这些法学家能够充分表述自己的意见并从事积极的、有效的法律活动”,[①]对整个欧洲法文化发展的历史影响很大,因而欧洲社会早有依法条行事的法文化传统。自启蒙运动以来,新兴资产阶级出于反对封建专制的需要,罪刑法定主义得以张扬。1789 年,“法国把刑事古典学派创始人,意大利刑法学家贝卡利亚等资产阶级思想家提出的‘法无明文规定不为罪、不得处罚的原则,列入其《人权宣言》’”,[②]使依法条行事的法文化传统得到进一步强化。在西方近代法学思想的影响下,很容易形成这样的一种思维定式:未见列于法条者,就不具备实在法功能。于是,容易得出这样一种错误结论:“以民为本”思想保障民众最基本的生存权与发展权的主张,并未进入实在法法条,故其并未转化为一种法律存在,因此不具备人权保障的属性。然而从中华法文化传统看,“礼”实质上是法,又不完全等同于法,但“失礼则入刑”,可以根据失礼的情况进行惩治,并不一定存在和援引相应的法条作为惩戒的依据,“史称‘周公寓刑于礼,不制刑书’,就是证明”。[③] 如果循西方法文化的“未进入实在法法条者就不是一种法律存在”的思维,那么就容易忽视先秦时期许多诸如“民为邦本、本固邦宁”“民之所欲,天必从之”的极似倡导性规定的箴言,在治国理政中所发挥的限定性规定的实在法功能。

(三)“君无戏言”——君主之命的实在法属性

从源于古希腊、古罗马的西方法文化的发展轨迹来看,最初无论是依照“自然”(physis)还是依照“惯例”(convention)作为评判标准,同样存在一个尚未形成法条的时期,而法条的出现和不断调整、完善是社会发展

---

① 夏勇:《人权概念的起源——权利的历史哲学》,中国政法大学出版社 2001 年版,第 39 页。

② 周密:《中国刑法史》,群众出版社 1985 年版,第 39 页。

③ 周密:《中国刑法史》,群众出版社 1985 年版,第 59 页。

的产物。但是其与中华法文化发展存在较大的差异,一是整个社会较早形成因尊重法律的权威而重视法条的设置和完善的风气;二是具有一大批身处民间的政治哲学家和法学家对律法的形成和传播发挥了重大的影响。而中国法律特别是最先出现的刑法,“首先主要是国王的命令和适合于奴隶主统治的某些社会习惯,且是以‘以事议制’的不成文的‘誓’、‘诰’等形式出现的。”①《尚书·甘誓》载夏启伐有扈氏,阵前誓师作《甘誓》:

> 有扈氏威侮五行,怠弃三正,天用剿绝。今予惟躬行天之罚。左不攻于左,汝不恭命;右不攻于右,汝不恭命;御非其马之正,汝不恭命。用命赏于祖,弗用命戮于社,予则孥戮汝。②

将士在战斗中严格服从命令者赏,违反命令者杀,且妻、子要没为官奴隶。十分明显,《甘誓》实际上就是军法。《尚书·汤誓》述商汤伐夏桀,在鸣条之战阵前誓师称,“有夏多罪,天命殛之……尔尚辅予一人,致天之罚,予其大赉汝,尔无不信,朕不食言。尔不从誓言,予则孥戮汝,罔有攸赦”。③ 其实质内容与《甘誓》一模一样。而周武王伐商前夕,作《泰誓》称:“尔其孜孜奉予一人,恭行天罚……尔众士其尚迪果毅,以登乃辟。功多有厚赏,不迪有显戮。”④仍然是重申《甘誓》努力奋进有赏,畏缩不前者杀,也就是“赏以劝之,戮以威之”的军法的基本原则,可见这些“誓”不仅包含了实在法的法条,而且具有相当的稳定性和连续性。商周之时的《诰》多为上对下的文告,其内容较为广泛,多为警戒、勉励之词,但其中也有具有实在法性质的内容。如周封康叔为“三监”之一,以监督殷商之降民,为纠正其嗜酒的恶习,周公旦代周成王为康叔作《酒诰》,其中就有“厥或告曰,群饮,汝勿佚,尽执拘以归于周,予其杀。”⑤大意为:若有举报民间有人聚众饮酒,必须将他们全部抓起来押回周地,我将处决他

---

① 周密:《中国刑法史》,群众出版社1985年版,第60页。
② (清)阮元校刻:《尚书正义》卷7,《十三经注疏》,中华书局1980年版,第155页。
③ (清)阮元校刻:《尚书正义》卷8,《十三经注疏》,中华书局1980年版,第160页。
④ (清)阮元校刻:《尚书正义》卷11,《十三经注疏》,中华书局1980年版,第182页。
⑤ (清)阮元校刻:《尚书正义》卷14,《十三经注疏》,中华书局1980年版,第207页。

们——这无疑是一种实在法法条的体现。

从政治学的角度看,法律是国家机器的重要组成部分,是统治阶级意志的体现。但是,即便是剥削阶级掌握统治权的社会,统治集团体现自己的意志也并不是为所欲为丝毫没有顾忌的,因为法律作为“国家”的重要组成部分,同样要发挥“缓和冲突”、将阶级矛盾“保持在秩序的范围内”的职能,以防止社会冲突失控而崩溃。而且具有不同文化传统的不同国家,其法律在发挥这方面作用的方式是有很大的差异的。比如,在法律条款产生的方式上,古希腊、古罗马和古代的中国就有很大的不同。前者的律法形成时,一大批身处民间、具有独立地位和很强社会影响的政治哲学家和法学家阶层,对律法的拟订发挥了重要的作用,而且像古罗马那样持续时间较长的共和政体,使具有公民权的民众对于法律的确定也有一定的发言权,一些法律甚至是统治集团上层同下层民众博弈达成妥协的产物,比如古罗马“《十二铜表法》就是平民同贵族斗争的成果”。① 但是中国古代则不然。前国家时期社会秩序基本上靠“习惯法”维系,进入国家阶段后,除一些氏族社会的习惯法继续发挥维系社会秩序的功能外,因社会发展需要新增的法规均出自君王。此即《管子·任法》所述:“夫生法者君也,守法者臣也,法于法者民也”②,立法权为国君专有,故《大盂鼎》金文有“勿废朕命”,国君之命就是国法,违反王命即犯国法,“犯王命必诛”。③《国语·周语》有“赋事行刑,必问于遗训而咨于故实”,④不仅当朝国君之命即为国法,先王遗训也是国法,以往君主们治国理政的“故实”,即“故事”,都是必须作为律法与案例予以遵循的。正是由于国君之言就是法令,均需由国君身边专门设置的史官记录在案,言出法随,臣民们必须遵照执行,否则即为犯法而获罪。这在客观上也就要求国君自身必须慎言,绝不能随便表态,以免臣民无从遵行而乱政,从而形成了中国

① 夏勇:《人权概念的起源——权利的历史哲学》,中国政法大学出版社 2001 年版,第 39 页。

② 《管子》卷 15,《二十二子》,上海古籍出版社 1986 年版,第 152 页。

③ 《国语》卷 1,上海古籍出版社 1978 年版,第 22 页。

④ 《国语》卷 1,上海古籍出版社 1978 年版,第 23 页。

古代上层政治生活中的一个规则,即所谓的“君无戏言”。

(四)先秦“以民为本”治国思想的实在法功能

《尚书·五子之歌》言“皇祖(大禹)有训……民为邦本,本固邦宁”①。学术界均认为这是“以民为本”治国思想最早的典籍记述。长期以来我们在“阶级斗争”思维主导下,对“以民为本”治国理念产生的解读是“慑于民众反抗剥削压迫的阶级斗争的压力”,此种格式化的解释虽有一定的道理,但对古代社会发展历史的认识似乎过于简单。笔者也不同意或许一度因为囿于中国古人缺乏权利意识和思想的认知,将“以民为本”思想的产生完全理解为倾心教化的“掌权者的内心自发或自我完善”。② 前文已言及,氏族社会遵循的自然法则必然只能是以氏族成员为本——“以民(人)为本”的。对自然法则的遵循在氏族社会已成“习惯法”。当人类社会进入阶级社会以后,这种在氏族社会中经历很长时期形成的习惯法是不可能戛然而止的,它还要历经较长历史时期才会逐渐发生变化。因此,《尚书·五子之歌》将其所言谓为大禹之训,虽既不能证实,亦不可证伪,但大禹的时代是氏族部落与“国家”交替之际,是否仅仅因社会矛盾尖锐才促使统治者明确地认识到必须“以民为本”的呢?有学者研究恩格斯在《家庭、私有制和国家的起源》中对奴隶制度是如何“发明”的论述后认为:随着生产力的发展,当人们的劳动能够产生越来越多的剩余产品时,被俘的敌对部落的成员就沦为胜利者的奴隶……最初的剥削压迫阶级和被剥削压迫阶级是由不同的氏族部落的人员构成(本部落成员沦为债务奴隶,则是私有制进一步发展后出现的)。③ 因此根据恩格斯的论述,阶级矛盾和阶级斗争早于国家的产生。大禹处于氏族部落与“国家”交替的时代,被大禹视作“邦本”之“民”,指的是本氏族部落的成员,绝对不会是由战俘转变成的奴隶,奴隶是不可能被看作“邦

① (清)阮元校刻:《尚书正义》卷7,《十三经注疏》,中华书局1980年版,第156页。

② 夏勇:《人权概念的起源——权利的历史哲学》,中国政法大学出版社2001年版,第188页。

③ 参见陈玉屏:《对〈共产党宣言〉中关于“民族”的重要论述的再思考》,载《西南民族大学学报(人文社科版)》2010年第10期。

本”的。因此，在进入国家阶段初期一段时间，统治者主要还是因袭氏族社会传统来认识“以民为本”的。如果说，在氏族社会中，“以民为本”还只是作为适应自然法则而形成的观念和“习惯法”的话，大禹时期“国家”其实已然形成（只差“父死子继”的“家天下”标识的出现）。大禹之训就是君主之命，就是国法。因此，此时讲“以民为本”，看起来是氏族社会的传统习惯在阶级社会初期的延伸，但从其性质而论，其已具备了国家实在法的属性，是必须遵行的。因此当夏代后世君主太康罔顾民众最基本的生存权与发展权，盘游无度，荒废国政，被上上下下视作违反“以民为本”的先王之命的严重罪行，于是诸侯后羿起兵阻其返国，太康因之被废黜。其后商汤伐夏桀作《汤誓》，以对方违反“以民为本”，损害了民众最基本的生存权、发展权作为起兵代天伐罪的依据。商王朝建立之后又作《仲虺之诰》称“有夏昏德，民坠涂炭。天乃锡王勇智，表正万邦，缵禹旧服”，意即夏王失德，民众生灵涂炭，于是上天赐商君以智勇，令其推翻夏桀，代夏而成万邦之君。[①] 作为商代夏之后发布天下的文告，宣示推翻夏王朝的正当性和合法性，当然是一种具有法律意义的文书。这份文告的意义在于，它不仅宣示商代夏的合法性，同时也宣示夏桀令“民坠涂炭”，使民众丧失了最起码的生存权和发展权这一基本人权，因而失去了合法性。由此可见，《仲虺之诰》具有保护民众基本人权的法律意义。周武王伐商作《泰誓》，称“民之所欲，天必从之”。《泰誓》这样的神圣的誓言是不是具有上上下下必须遵守的法律意义呢？答案应当是肯定的。在当时社会生产力极低的情况下，所谓“民欲”恐怕只能是民众不敢作其他奢望的最低限度的诉求，那就是最低限的生存权与发展权。那么《泰誓》应不应该看作强调保障基本人权的法律文献呢？从这些古文献的记述反映出，在先秦社会相当长的时段中，“以民为本”不仅是作为一种政治哲学的思想观念上的“应然”而存在，其核心为“必须保障民众基本生存权和发展权”，这种最起码的基本人权其实并不是抽象的，在当时的社会环境和人民心目中，对此是有一个具体标准的。突破了这个标准，就应当论刑定罪。商

① （清）阮元校刻：《尚书正义》卷8，《十三经注疏》，中华书局1980年版，第161页。

汤伐夏桀、周武伐商纣，都宣称为讨伐有罪者的执法行为。因而“以民为本”作为治国理政中必须遵行的准则，在很多时候被作为一种违者治罪的律法而付诸实践。

二、中国古代“程序法则”与“制度操作”探析

上文已证实“以民为本”治国思想在中国古代国家治理实践中所发挥的实在法功能，而西方法文化讲求“程序法则”，强调权利保障要体现在法律制度的规设之中。那么，中国古代社会“以民为本”的治国思想在国家治理实践中，是否有形成程序法则体现在法律制度操作中而具备法学意义上的人权属性呢？有学者认为，“总的说来，传统的民本学说里还缺乏明确的作为制度操作概念的民权，只有作为起义暴动之动力的非制度、非程序的民权”①。其实这是依据源于西方法文化传统的现代法学意识作为判断标准产生的结论。因而，如何正确认识和解读中国古代的程序法则与制度操作，以及“以民为本”治国思想是如何与具有中华特点的程序法则与制度操作相结合，是不能回避的重要问题。

（一）中华法文化中的程序法则与制度操作

从现代西方法文化视角看：关于民权的程序法则是由一系列制度规设构成的，主要包括两个方面，一是“从法律上解决民众如何确定政治主体资格，通过有序的参与来行使主权的问题”②；二是“从法律上解决政府不得侵犯个人自由尤其是人身、财产等权利的问题”③。“前者主要靠代议制的民主政体来实现，后者主要靠独立公正的司法制度尤其是诉讼制度来保障”④。从古希腊、古罗马及日耳曼人的某些传统到近代法兰西、美国的权利宣言，“都是在塑造这样的程序法则”。⑤ 为此，有必要从中国古代社会的实际出发，对中国古代有无民权保障法律规设和制度操作问

① 夏勇：《民本与民权——中国权利话语的历史基础》，载《中国社会科学》2004 年第 5 期。
② 夏勇：《民本与民权——中国权利话语的历史基础》，载《中国社会科学》2004 年第 5 期。
③ 夏勇：《民本与民权——中国权利话语的历史基础》，载《中国社会科学》2004 年第 5 期。
④ 夏勇：《民本与民权——中国权利话语的历史基础》，载《中国社会科学》2004 年第 5 期。
⑤ 夏勇：《民本与民权——中国权利话语的历史基础》，载《中国社会科学》2004 年第 5 期。

题进行探讨。

西方塑造的程序法则第一个方面即民选政府的法则。这种可以溯源到古希腊古罗马的、被现代西方社会视为程序法则经典的传统,在进入“国家”阶段后的中国历史传统中确实不存在。但是,应当指出的是:西方开启的这种选举制度确有自身的文化传统,但在具体的制度操作中,形式的民意体现与实质的民意表达之间到底有多大差距,这是一个即使在今天都难以定论的问题。资本操控舆论主导选举已是不争的社会现象。被资本控制下而非“正义”主导下的程序法则与制度操作,自然因表里不一,使民权保障可能大打折扣。

西方塑造的程序法则第二个方面是“从法律上解决政府不得侵犯个人自由尤其是人身、财产等权利的问题……主要靠独立公正的司法制度尤其是诉讼制度来保障”。① 那么中国古代社会在法律规设和制度操作上到底有无这方面的规制?这里,所谓“独立公正的司法制度”中的“独立”二字容后再述,我们首先讨论中国古代有无针对政府侵权行为的个人权利保障的法律规设和制度操作。自春秋时期公布法出现,法律公开,“宣示下民”以来,在国家治理的实践中,法律规设逐步调整、丰富和完善。由于“唐律继承了我国历史上各代立法的成功经验……不只成了以后历朝各代封建立法的典范,而且还传播到东亚和东南亚各国”,②我们可以以《唐律》为据探讨这个问题。

《唐律》十二篇之第三篇为《职制律》,共 17 条。其中第 15 条:“诸因官挟势及豪强之人乞索者,坐赃论减一等”,即官员或依仗官员势力勒索财物者,按贪赃罪论处。而第 14 条:“诸去官而受旧官属、士庶馈与,若乞取、借贷之属,各减在官时三等”③,即官员离任时借机接受下级或民众馈赠亦获罪。《唐律》之《擅兴律》共 24 条,第 4 条:“诸揀点卫士(征人亦同)取舍不平者,一人杖七十,三人加一等”④,即官员违反规定征发不应

① 夏勇:《民本与民权——中国权利话语的历史基础》,载《中国社会科学》2004 年第 5 期。
② 周密:《中国刑法史》,群众出版社 1985 年版,第 252 页。
③ (唐)长孙无忌等:《唐律疏议》,中华书局 1983 年版,第 228 页。
④ (唐)长孙无忌等:《唐律疏议》,中华书局 1983 年版,第 302 页。

被征发的在籍军人和平民服现役,要获罪。《唐律》之《户婚律》共18条,第4条:“诸在官侵夺私田者,一亩以下杖六十,三亩加一等;过杖一百,五亩加一等,罪止徒二年半”①,即官员侵夺私人田产要获罪。编定法律条文的长孙无忌等人还对每一法条进行司法解释称《疏议》,附在法条之后,《疏议》对以上诸罪定罪等级均有详细的解释。值得提及的是《擅兴律》第18条:“诸非法兴造及杂徭役……坐赃论”②,《疏议》对本条的解释为:虽为公事但违反规定则获此罪,若非为公事而谋私,则其罪“倍折”(加倍)。这些法条均体现了“从法律上解决政府不得侵犯个人自由尤其是人身、财产等权利的问题”的精神,难道不是体现程序法则的制度操作么?代表政府的官员违法侵犯民众权利,民众可以依法控告,到当地衙门口去“击鼓鸣冤”,而只要有人击鼓告状,地方官是不得不升堂受理词状的。如果当地官员判决不公,法律允许民众越级上告,直至上京“告御状”。《唐律》的这些法条的规定,反映了民众可以依靠司法制度尤其是诉讼制度来保障自身的权利。

(二)中国古代基本人权保障的程序法则与制度操作

前文已言及,中国古代社会“对于群体权利,则上上下下都相当重视”,特别是民众最起码的生存权、发展权,是被视为“天必从之”的必须保障的最基本的人权。那么这个最基本的人权保障在“程序法则”中有没有体现呢?如果我们不以西方程序法则的传统模式为唯一标准,而从中华文化传统角度予以认识和解读,则未必没有新的发现。

如果通过对《唐律》的若干法条分析可以明确地表明中国古代对民众个人权利保障确实存在“程序法则”与“制度操作”,“以民为本”思想理论强调的对民众群体的生存权、发展权这一首要的基本人权的保障是否也能体现出“程序法则”和“制度操作”呢?对于中国古代的一些法律制度规设,不能单纯以是否有保障“权利”“人权”等字样为标准,而是应当根据它们的针对性和发挥的实际作用来确定其性质。此处仅举一例:汉

① (唐)长孙无忌等:《唐律疏议》,中华书局1983年版,第246页。

② (唐)长孙无忌等:《唐律疏议》,中华书局1983年版,第313页。

武帝时将全国划分为十三个监察区，称“十三州部”，监察长官称“刺史”。刺史的职责是“诏书旧典，刺史班宣，周行郡国，省察治状，黜陟能否，断理冤狱，以六条诏书问事，非条所问，即不省”①。按照先秦以来的传统，“生法者君也”②，因此“六条诏书”这样的诏令就是法令，“六条诏书”的内容如下：

> 一条，强宗豪右，田宅踰制，以强凌弱，以众暴寡。二条，二千石不奉诏书，遵承典制，倍公向利，旁诏守利，侵渔百姓。三条，二千石不恤疑狱，风厉杀人，怒则任刑，喜则任赏，烦扰苛暴，剥戮黎元，为百姓所疾，山崩石裂，妖祥讹言。四条，二千石选署不平，苟阿所爱，蔽贤宠顽。五条，二千石子弟怙恃荣势，请托所监。六条，二千石违公下比，阿附豪强，通行货赂，割损政令。

分析“六条诏书”，除第 1 条是针对豪强势力欺凌百姓外（而这种行为一般都有官府充当保护伞），其余 5 条所针对的都是地方政府长官“二千石”（郡守）损害民众的生存权、发展权这一基本人权的不法行为。刺史集监察权和执法权于一身，对违法的郡守“二千石”这样的地方行政长官，向中央奏报后由中央定罪；对“二千石”以下的地方官员，刺史有权直接收监问罪。但刺史不得干预地方的行政事务，此即所谓“非条所问，即不省”。像这样用法律规制打击地方政府侵害民权的不法行为，即是中国式保障基本民权的“程序法则”和“制度操作”。而“六条诏书”中的内容，大多化入后世各朝的律条之中。

（三）“汤武革命”在中华法文化中的位置

值得进一步深入探讨的还有另一个问题：前文已言及，一些观点认为中华“传统的民本学说里还缺乏明确的作为制度操作概念的民权，只有作为起义暴动之动力的非制度、非程序的民权”③，那么是否凡是通过武力形式对抗执政者的行为统统必须界定为“非制度、非程序的民权”？

---

① （南朝宋）范晔：《后汉书》卷 28，中华书局 1965 年版，第 3617 页。

② 《管子》卷 15，《二十二子》，上海古籍出版社 1986 年版，第 152 页。

③ 夏勇：《民本与民权——中国权利话语的历史基础》，载《中国社会科学》2004 年第 5 期。

商汤伐夏桀，在《汤誓》中列举夏桀的罪名为：“不恤我众，舍我穑事”（毫不体恤民众疾苦，令百姓农工尽废）、“率遏众力，率割夏邑”。商汤起兵的理由十分清楚，夏桀的暴政严重威胁到广大民众的生存权，失去了合法性，于是“天命殛之”。商汤自称“余畏上帝，不敢不正”[①]，即是遵奉天命来“正”其罪。周武王伐商纣，作《泰誓》，其列举商纣的罪名为：“沉湎冒色，敢行暴虐；罪人以族，官人以世；惟宫室台榭陂池侈服以残害于尔万姓……”纣的暴政严重危害了民众的生存权、生命权，失去了合法性，于是“商罪贯盈，天命诛之”[②]。汤、武起兵改朝换代在中华文化中称“汤武革命”，后世除个别顽固坚持君本位立场者视之为以下犯上外，主流文化均视之为正义、合法的举动。这就反映了中国古代早已形成的一个社会共识：民众生存权、发展权这一基本人权，是不可触碰的底线和不可违背的治国理政的基本原则，谁违反这一基本原则，就失去了合法性，就会像纣一样“商罪贯盈，天命诛之”。这是古代“以民为本”思想学说的重要组成部分。

这种维护“以民为本”原则的“吊民伐罪”的举措是应当视作“起义”“暴动”类的“非制度、非程序的民权”，还是依据中华传统文化的共识，视作具有中华法文化特色的符合程序法则的“制度性操作”呢？西方法文化倡导的“制度性操作”即通过三权分离的司法部门，依据既定法律来阻止政府侵害民权，直至通过掌握立法权的部门启动“弹劾”程序更换政府首脑。从马克思主义国家学说角度而言，这是以“国家”的一部分职能去制衡另一部分职能，以达到将矛盾冲突“保持在秩序范围以内”的目的。西方法文化倡导的“程序原则”虽然可以上溯到古希腊、古罗马，但此种“制度性操作”在形式上渐成规范也是最近两百来年的事，而且民权保障的“制度性操作”并不规范的现象仍然十分普遍，20 世纪 60 年代美国的黑人运动，近年来美国出现的“占领华尔街运动”、法国出现的“黄背心”运动、美国黑人弗洛伊德被警察虐杀引发的美国全国性的抗议和冲突以

---

① （清）阮元校刻：《尚书正义》卷 8，《十三经注疏》，中华书局 1980 年版，第 160 页。

② （清）阮元校刻：《尚书正义》卷 11，《十三经注疏》，中华书局 1980 年版，第 180～181 页。

及特朗普的支持者冲击国会的行动等所体现的仍然是一部分民众认为自己的权利受损,但又无法通过现有的程序法则求得保障的“非制度、非程序的民权”诉求。而中国古代的“汤武革命”是否也可以被视作体现国家一部分职能的力量(主张保持正常统治秩序的力量,或可称为古代的“建制派”),为维护“以民为本”这一在治国理政中长期被视为具有法规意义的基本原则,去制衡另一部分严重违规失序的国家职能的体现“程序法则”的“制度性操作”行为呢?

先秦以来“以民为本”思想理论历来认为:万物为天所生,而人为万物之最灵者,故尤其为天所怜怜,只是因为“百姓不能以自治,故立君以司牧”①。故“天之生民,非为君也;天之立君,以为民也”②,君只是上天选择出来“代天保民”的。“天”才是万物主宰,赏罚之权操之于天。正因如此,古人对刑法的认识是“天讨有罪”,阻止犯罪行为的制度性操作为“五刑五用”③。所谓“五刑五用”即为:“大刑用甲兵,其次用斧钺……”④军事征讨是五刑之首,是最顶级的一种执法行为。先秦以来“以民为本”思想发展的脉络十分清楚,即违反“以民为本”这一治国理政的基本原则,突破了“必须保障民众基本生存权和发展权”的底线,统治者就“获罪于天”,失去了合法性,就有必要改朝换代,这就是“天理”,就是天定的法规(天条)。孟子在回答齐宣王关于“汤武革命”的合法性问题时说:“残贼之人,谓之一夫(独夫)。闻诛一夫纣矣,未闻弑君也。”⑤汉代大儒董仲舒集先秦以来“以民为本”思想学说之大成,饰以阴阳五行之说,形成理论化、系统化的“天人感应”学说和“灾异”之论,借“天”之名对更换突破底线的统治者制造法理依据,称“其德足以安民者天予之,其恶足以贼害民者天夺之”“夏无道而殷伐之,殷无道而周伐之,周无道而秦伐之,秦无道而汉伐之。有道伐无道,此夫理也,所从来久矣”⑥。因而在中华文化传

① (北齐)魏收:《魏书》卷113,中华书局1974年版,第2971页。
② 《荀子》卷19,《二十二子》,上海古籍出版社1986年版,第355页。
③ (清)阮元校刻:《尚书正义》卷4,《十三经注疏》,中华书局1980年版,第139页。
④ (东汉)班固:《汉书》卷23,中华书局1962年版,第1079页。
⑤ (清)阮元校刻:《孟子注疏》卷2,《十三经注疏》,中华书局1980年版,第2680页。
⑥ 《春秋繁露》卷7,《二十二子》,上海古籍出版社1986年版,第785页。

统中,像“汤武革命”这样为保障民众基本生存权和发展权,深受百姓拥护的“吊民伐罪”举动,就是体现“天讨有罪”、代天执法(恭行天罚)的正当的、合法的“制度性操作”,与近代西方法文化视角下的“非制度、非程序的民权”诉求并不相同。同时与近代西方法文化不同的是,这些内容不是写在法条之中,而是写在中华传统文化的青史流传之中,存在于秉承这一文化传统的社会共识之中。因此,董仲舒才会说“此乎理也,所从来久矣”。

三、“以民为本”治国思想保障基本人权的主要法律措施

“以民为本”治国思想作为从初民社会生活实践中升华而成的观念(一种理性认识,一种习惯法),在延伸到阶级社会后,又经过一次又一次阶级斗争的印证与锤炼,十分自然地要回到治国理政的社会实践中去,转化为保障民众最基本的生存权和发展权的法律的、政策的相关措施。自汉代经董仲舒改造后的儒家思想取得“独尊”地位,成为历代王朝实施统治恪遵的指导思想以后,作为儒家学说重要组成部分的“以民为本”治国思想,在施政中具有较为广泛的体现。尽管这些措施在文献记述中并没有明确地打着“以民为本”的旗号,但究其实质而论,是以保障民众最基本的生存权和发展权为其着眼点的。其中,因时、因地采取的个别、特殊的措施难以一一列举,而主要转化为历代王朝相传相继的那些具有相当的稳定性、延续性的国家行为,则有必要述及。

(一)对农业生产的高度重视与保护规制

中华传统人权思想溯其渊源,是阶级形成之前维系氏族部落社会生存和繁衍的自然法则,即“习惯法”。而维持氏族部落生存和繁衍的第一要务,就是凡有劳动能力的氏族部落成员,都必须全力以赴地投入生产。中华先民很早就进入相对发达的农耕文明,因而保障农业生产对中华先民而言是维护生存与发展这一基本人权的不可或缺的条件。作为氏族部落的首领,本身就是人们群体生产活动的组织者、领导者和带头参与者,自然高度重视农业生产。被视作中华民族始祖的黄帝、颛顼、尧、舜等传说中五帝之中的这四帝,实际上应视作社会历史发展进入“国家”时代之

前的部落首领人物，观《史记》对他们的描述，无一不对农业生产高度重视。

中华历史发展进入“国家”阶段之后，氏族部落首领必须高度重视生产这个由自然法则演化而成的氏族部落社会的传统，同样延伸到阶级社会中。《史记》记述的(夏)禹、(商)汤、(周)文王、(周)武王等君王无不是恪守以民为本，将尧、舜以来“视为政首”①的农业生产发展同样作为治国理政的头等大事予以高度重视，故而有“王事唯农是务，无有求利于官，以干农功，三时务农而一时讲武，故征则有威，守则有财”②。国家直接组织或干预农业生产活动的历史记载之丰富，是西方国家历史发展上无可比拟的，其中最具有象征意义的“帝籍”，即所谓“天子田籍千亩，诸侯百亩”，在力农方面以国君为首的统治集团要带头做出表率。历代正史都有许多君主亲耕“籍田”的记载，其仪式十分隆重。君主带头“耕地”成为国家劝民力农的倡导性、标识性行为，这在西方国家的历史发展中是几乎没有过的现象。前文已言及，君主之命即为法令，君主带头劝农，表面上是一种循“礼”的倡导性的举动，但未尝又不具有一种法随其后的限定性含义，各级负治民之责的地方官自然不敢消极怠慢，否则即有违反君命，违法之嫌(慢君之罪)。因而开春时，各地的地方官往往要组织隆重的劝耕仪式，在中国古代蔚成风气，终成民俗，这也是国家重视生存权和发展权的“以民为本”思想付诸实践的传统性体现。

在以农立国的中国古代，作为实践“以民为本”的中华传统人权思想的重要体现是国家高度重视历法。史传自尧、舜至夏、商，朝中均设专职农官羲氏、和氏，“掌天地四时”，为世职。夏王朝某代羲、和因沉湎于酒而“废天时，乱甲乙”，严重渎职，夏王命诸侯胤前往征讨。胤引述“《政典》曰：先时者，杀无赦！不及时者，杀无赦”！③ 误农时即为死罪，因为误农时对农业生产造成的危害后果是极为严重的，会极大地损害对民众生存权、发展权的保障。商汤伐夏桀，列举夏桀的罪状是“率遏众力”“舍我

---

① (东汉)班固：《汉书》卷24，中华书局1962年版，第1117页。

② 《国语·周语》，上海古籍出版社1978年版，第21页。

③ (清)阮元校刻：《尚书正义》卷7，《十三经注疏》，中华书局1980年版，第157页。

穡事”①,即过度使用民力而废耕稼之事。由此可见,在当时人们的心目中,凡是对农业生产造成危害,就破坏了对民众生存权、发展权这一基本人权的保障,严重违背了“以民为本”的原则,就是获罪于天,就会遭受“天命殛之”②的惩罚。周的先祖稷在帝尧时就是农官,周主要依靠农业发展起来灭商而代之。以农而兴、以农立国的周武王在《泰誓》中称“民之所欲,天必从之”,对百姓赖以安身立命的农业生产的高度重视是自不待言的。历代王朝重视农本也反映在中华独特的史官文化中,自《史记》开始,历代正史均设有专门的《历书》《律历志》,这在世界上是绝无仅有的。国家对历法的高度重视表明了对农业生产的高度重视,“使民以时”③即不违农时成了治国理政代代相传的必须遵守的具有法规意义的基本原则。

中国古代,国家高度重视和直接干预农业生产的另一个突出表现是大型水利工程的兴修。除国家产生前夕的大禹治水外,春秋战国以来的都江堰、郑国渠、邺城十二沟渠等大型水利灌溉工程的修建以及历朝历代黄河水患的防治,无一不是中国古代独具特色的以保障民众基本生存权和发展权为目的的国家行为。

(二)省减租赋徭役措施的常态化

先秦时期国家为民众规定的租税徭役负担是史学界长期研究的课题,许多具体情况已不可考。但是根据《史记》《汉书》等离先秦时代较近、可信度较高的记述来看,大体上周前期较轻缓,而周王失政、诸侯争霸后民众负担就不断加重。《汉书·食货志》记载李悝为魏文侯作“尽地力之教”,详细地记述了普通自耕农的收入、基本生活支出和必须承担的租税,已是赤字不小,还未将徭役和疾病死丧计算在内。④ 当然问题最突出的还是秦始皇统治时期,“内兴功作,外攘四夷,收泰半之赋,发闾左之戍,男子力耕不足粮饟,女子纺绩不足衣服”,因为完全不顾及民众的生存和

---

① (清)阮元校刻:《尚书正义》卷8,《十三经注疏》,中华书局1980年版,第161页。
② (清)阮元校刻:《尚书正义》卷8,《十三经注疏》,中华书局1980年版,第160页。
③ (清)阮元校刻:《论语注疏》卷1,《十三经注疏》,中华书局1980年版,第2457页。
④ (东汉)班固:《汉书》卷24,中华书局1962年版,第1125页。

发展,终致“海内愁怨,遂用溃畔”。[①] 违反“以民为本”的原则,不顾及民众基本人权致使王朝倾覆的历史教训是深刻的,汉王朝建立后,立即将田租降到“十五而税一”(产量的十五分之一),后来有的年份甚至再降到只收“半租”(产量的三十分之一)。不仅如此,朝廷时有对一些地区和人员“复除”(免除)租税徭役的举动,“复除”的年限与内容视不同情况而定。汉代承袭秦代的20级军功爵制度,获得军功爵级的人,根据爵级高低享有大小不等的特权,其中就包含有免除自身甚至家人徭役的特权。不过秦代的爵级必须依靠军功才能获得,而汉王朝自惠帝起常有普遍“赐民爵”之举,也是汉王朝降低民众徭役负担的一种方式。

除不时为民众减负外,赈灾也是国家的经常之举。《周礼·大司徒》有“以荒政十有二聚万民”的说法,12条措施的第1条就是政府要“散利”[②],即赈给灾民。汉武帝时曾因山东(殽山以东)水灾,“民多饥乏,于是天子遣使郡国虚仓廪以振(赈)贫”[③],山东许多地方府库为之一空。十分明显,这些措施的目的都是保障民众的生存权。前文已论及,中华文化中,“礼”的实质即是“法”,失“礼”是要入刑的。“荒政”被列入《周礼》之中,具有实在法效能,历代多有官员因赈灾不力而被论刑问罪的实例,这些由国家承担的保障生命权与生存权的措施,实际上成了历代王朝相传相继的一种制度性安排。

为顾及贫民生存的艰难,汉武帝实行“均输”“平准”之法,以平抑物价。汉宣帝时采纳名臣耿寿昌建议,设立“常平仓”,谷贱时收进,谷贵时卖出,为后世效仿。北齐时始征“义租”,在州县设仓存储,实为开“义仓”之先河。隋文帝时正式设置“义仓”。到了宋代,“常平仓几乎做到了全覆盖,而且宋朝政府规定,常平仓基金专用于救济贫民,其他政府机构不得挪用,让老百姓尤其是城市居民得到了实惠。”[④]

“以民为本”的精神还体现在历朝历代的许多重大的改革措施中。

---

① (东汉)班固:《汉书》卷24,中华书局1962年版,第1126页。
② (清)阮元校刻:《周礼注疏》卷10,《十三经注疏》,中华书局1980年版,第706页。
③ (东汉)班固:《汉书》卷34,中华书局1962年版,第1162页。
④ 李晓巧:《宋朝政府如何扶贫》,载《作家文摘》2019年4月10日。

商、周的赋税负担已不可考,秦王朝赋税徭役苛重而致天下土崩。汉代虽采取轻徭薄赋措施使民众税负有所减缓,但赋税构成的一个特点是田租相对较轻,而按人头课收的税赋徭役则相当沉重,且成为后世历朝相循的一种积习。此种赋税制度极大地刺激了土地兼并现象的发展,十分不利于民众基本生存权、发展权的保障,因此中国古代历史上多次发生大土地所有制的发展导致阶级矛盾失控而社会崩溃、王朝倾覆的惨痛教训。然而,地主剥削农民的这种生产关系构成了中国古代社会的经济基础,当时是无法作出根本改变的。为此,统治集团中一些有识之士在保持这种生产关系不根本改变的前提下,针对这一痼疾进行了三次大的改革。其中前两次为唐中叶实行的“两税法”改革和明中后期“一条鞭法”的改革,其基本精神都是将一部分人头税(含代役钱)转移为按田亩、资产征收,以减轻无地少地的民众的负担。清康熙、雍正时期实行第三次名为“摊丁入亩”的大改革,几乎把剩余的人头税全部摊入田亩来征收。这一次改革之后,中国人口迅速激增,明确地显示出民众的生存和发展的状况得到一定的改善。

(三)对豪强兼并势力的抑制

在阶级社会,统治阶级对被统治阶级的剥削压迫是社会固有的常态。但正如恩格斯所论,国家要努力将阶级冲突保持在“秩序的范围以内”,也就是说,国家对统治阶级的剥削压迫行为要进行必要的抑制,使其不能超过“秩序”能够容忍的限度。

秦灭六国后采取的重大措施之一是强迫迁徙山东的豪强大户离开故地到关中、巴蜀之地。如果说其主观意愿是防止六国势力死灰复燃,客观上却起到了抑制豪强势力的作用。而有意识地抑制豪强兼并势力以保障民众基本人权的国家行为在汉代相当具有代表性。开国君主刘邦起自民间,深知秦的苛政和秦末战乱使百姓连最基本的生存权都难以得到保障。故天下初定,在立即实行休兵归田、轻徭役、薄田租的同时,对商贾采取了更加严厉的以“贱商”为表现形式的管制法规,对商贾趁民之急囤积居奇、高利盘剥、兼并普通百姓的行为加大了抑制的力度。到汉武帝时,甚至重新实行秦代“七科谪”的法规,将商贾作为国家对贱民惩罚性“谪戍”的主要对象。

汉武帝为打击“武断乡曲”鱼肉百姓的“并兼豪党之徒”和与之勾结祸害百姓的不法官吏,创建了刺史制度。而刺史的监察职能是以“六条诏书”问事。“六条诏书”明确规定刺史应追究的违法行为第1条就是“强宗豪右,田宅踰制;以强陵(凌)弱,以众暴寡”①。这种刺史及其领导的机构属中央派出机构,不归地方统属,它既有强化中央集权的功能,同时也通过抑制官方和民间相勾结的豪强兼并势力,发挥了国家保障民众基本人权的职能。刺史机构的设置和“六条诏书”的颁行当然属于法制建设范畴,不能因为其未见“权利”“人权”的表述而忽视其以保障民众最低限的生存权与发展权为目的的基本人权保障属性。汉以后各个朝代虽然采取的监察手段和机构设置不尽相同,但一般情况下还是注意通过抑制豪强兼并势力来控制对民众的剥削压迫的限度,尽量把阶级冲突保持在“秩序”范围以内。

除上述作为体现“以民为本”思想的国家行为的、历代相传相继、一以贯之比较稳定的保障基本人权的主要措施外,在中华历史文献中还大量记载了历朝历代一些贤明的君主和官吏在特殊的时空条件下,针对不同的具体情况采取的保障民众基本人权的措施。这些不绝于史的记载表明,以“保障民众最基本的生存权与发展权”为核心的中华传统人权思想,在五千年中华历史发展中居于十分重要的地位,对中华民族社会意识和价值观的塑造发挥了重要的影响。

---

① 《后汉书》卷28,中华书局1965年版,第3617页。

第四章　近、现代“以民为本”思想的演进

一、近代以来“以民为本”思想的演进

汉代经董仲舒改造过的儒家学说取得“独尊”地位后,“以民为本”治国思想在更新后的儒家学说中的位置已经确定:打着“天”的旗号,将能否顾及民众最低限的生存与发展诉求的“民欲”,作为检测统治者合法性的底线,从而将统治阶级的压迫和剥削,限制在民众可能承受的范围内,以便把阶级冲突控制在统治阶级所希望保持的“秩序”范围内。这种局面持续了近两千年,直至近代社会的到来。

随着科学技术和生产力的发展,欧洲的文艺复兴、启蒙运动、宗教改革等一系列昭示着大变革来临的社会运动登上历史舞台,其锋芒均指向黑暗的封建专制制度。几乎同一时期的明末清初,中国思想界出现了顾炎武、黄宗羲、王夫之这样的站在“民本”的立场上,质疑和否定封建专制制度的思想家,这或许并不是巧合,而是世界历史的发展遵循自身发展规律的必然现象。中国近代社会的到来略晚于欧洲,但正是

这迟来一步的社会发展历史使中华民族历经了种种磨难，中国的内忧外患已到这样一个地步：传统的“以民为本”思想如果要坚守住“保障民众最基本的生存权和发展权”这一核心的宗旨，其内涵就必须向反对帝国主义、反对封建主义的方向作革命性的演进。以康有为为代表的改良派试图以改良的方式达成目标但以失败告终，孙中山领导的旧民主主义革命虽有终结帝制之功，但未能完成反帝反封建的历史重任，其以“民本”思想为基础的“民权主义”“民生主义”设想无法真正付诸实践而终难实行。传统的“以民为本”思想的继承以及实现历史性超越的重任，落在了中国共产党的肩上。

（一）近代欧洲反封建思潮的高涨与黄宗羲对君主制的批判

1. 欧洲启蒙运动中反封建思潮的高涨

由于不同国家、不同民族社会的发展不可能完全同步，学术界对欧洲和中国步入近代时间点的标定是不同的。《辞海》中关于“近代”的阐释基本代表了学术界的共识：

> 世界近代历史期，一般以 1640 年英国资产阶级革命为开端，终于 1917 年俄国十月社会主义革命。又可分为两个时期，1640 年到 1871 年巴黎公社革命前，为自由资本主义时期；1871 年巴黎公社革命到 1917 年十月社会主义革命前，为帝国主义形成时期。中国近代历史期，一般认为自 1840 年鸦片战争至 1919 年五四运动，中国处于半封建半殖民时期。①

周一良、吴于廑主编的《世界通史》对于当时的社会背景作了如下介绍：

> 17、18 世纪中，欧洲绝大多数国家资本原始积累过程已经开始，农民、城市小手工业者与生产资料分离的现象已经发生，手工工场也已有了较广泛的发展。与此发展相适应，资产阶级的社会思潮进一

① 辞海编辑委员会：《辞海》，上海辞书出版社 1980 年版，第 1046 页。

步抨击封建思想，反对封建专制主义，从各个方面为资产阶级的私有制作辩护。①

17、18世纪欧洲各国不断涌现的启蒙运动思想家，进一步发展了13世纪至14世纪欧洲“文艺复兴”中反对封建神权和封建特权、“要求人的自由、人的平等、人的幸福、维护人的尊严、尊重人的财产、反抗暴君压迫的人权思想。”②综观格劳秀斯、霍布斯、洛克、斯宾诺沙、孟德斯鸠、卢梭等人提出的思想理论，尽管见解不尽相同，但都具有站在民众立场上反对封建特权制度的鲜明倾向。即便霍布斯主张主权在君，但是他提出的国家契约学说仍然指出，国家权力来自每个国民权利的让渡，而且主张“自然权利就是每个人按照自己所愿意的方式运用自己的力量保全自己的天性——也就是保全自己的生命——的自由。”③显而易见，这些观点和理论都具有反对封建专制主义、倡导“人权”的精神。启蒙运动思想家的思想理论，为资产阶级革命做了大量的理论准备和支撑，接下来席卷欧洲的资产阶级革命运动发生成为事所必然。

2. 明末清初反封建专制思想产生的社会背景

对君主制的否定中国古已有之。魏晋之际的阮籍、嵇康等人，因对当政专权的司马氏集团不满，鼓吹崇尚自然，反对“名教”，甚至到了质疑君主制的地步。阮籍撰《大人先生传》称：“无君而庶物定，无臣而万事理。”④两晋之际的鲍敬言继承并发挥了阮、嵇的无君思想，著《无君论》，系统提出“无君”的主张。他认为：“曩古之世，无君无臣，穿井而饮，耕田而食；日出而作，日落而息……不竞不营，无荣无辱。”而君臣制度产生后，“役彼黎烝，养此在官，贵者禄厚，而民亦困矣。”因而“古者无君，胜于今世。”⑤认为君臣制度就是造成人民痛苦的根源。然而，当时的人类社会

① 周一良、吴于廑主编：《世界通史》（上册），人民出版社1962年版，第2页。
② 吴忠希：《中国人权思想史略：文化传统和当代实践》，学林出版社2004年版，第93页。
③ [英]霍布斯：《利维坦》，黎思复、黎延弼译，商务印书馆2020年版，第97页。
④ 张传玺：《中国古代史纲》（上），北京大学出版社1985年版，第386页。
⑤ 张传玺：《中国古代史纲》（上），北京大学出版社1985年版，第386～387页。

毕竟处于“百姓不能以自治,故立君以司牧”[①]的历史阶段,完全不存在否定君主制的社会基础。

但是,到了明末清初之际,随着生产力的发展,中国社会环境和生产关系已经发生了引人瞩目的变化。《中国史纲要》一书指出:在明代中叶,农业和手工业的生产水平都超过了前代,作物产量有较大的提升,特别是番薯、玉米等丘陵地区适宜种植且产量高于水稻、小麦的作物的引进,农产品的总产量大大提高,除有利于人口增殖外,土地利用率大大提升,更直接为手工业发展提供了原料。纺织、冶炼、制瓷等手工业均显著发展,社会分工已进一步细化,商品货币经济的发展超过了以前任何时期,一批工商业城镇兴起……另一个引人瞩目的现象是:

> 随着商品数量的增多,商业资本也非常活跃,在全国出现了更多的商人,其中最多的是徽商,其次是西商、江右商,再其次是闽商、粤商、吴越商、关陕商。他们在各地设立了会馆,组织了各种商帮。他们之中大多数都是中小商人,但也有拥资数万、数十万至百万的大商人。[②]

同时值得注意的是:在江南苏州等地的丝织业和浆染业中,已出现了一批与生产资料完全脱离,又可以比较自由地支配自己,把劳动力作为商品出卖的手工业技术工人,这种情况,在前此的历史时期还从未见过。[③]根据上述史实,《中国史纲要》的结论是:明中叶以来中国社会已经出现“资本主义的萌芽”,这一结论为史学界多数学者认可。

但是,资本主义因素的发展受到代表封建制度的公权力的严重阻碍:从城市的手工业来看,官工业(官办工场)的产品主要是供给皇室的消费和封建国家的急需,与市场几乎没有任何的联系,也不具备商品性质。一般民间手工业的产品也首先要作为贡课上缴官府。如潮州的丝、苏杭的绸都要“岁办以贡上用”。潞安的绸缎也是“除贡篚互市”外,才能“舟车

---

① (北齐)魏收:《魏书》卷113,中华书局1974年版,第2971页。

② 翦伯赞主编:《中国史纲要》(第3册),人民出版社1963年版,第203页。

③ 翦伯赞主编:《中国史纲要》(第3册),人民出版社1963年版,第205~206页。

于直省,流衍于外夷”。[1] 沿袭中国古代“工商食官”的“贱商”“贱百工”的传统,“作坊主一般都‘名隶官籍’经常受到封建政府‘坐派’和重税的榨取,想以生产致富还很困难。而雇佣工人也不能进一步摆脱行会的束缚和封建国家的控制……”[2]

明朝还采取了一系列措施强化对民众人身的控制:洪武十四年(1381年),明朝政府经过普遍的户口调查,编制了黄册,详细登记了各地居民的丁口与产业情况。平时人口的增减、产业的变迁都要呈报政府登入黄册备案,每年由政府审定一次。洪武二十年(1387 年),明朝政府又经过普遍丈量土地,编制了鱼鳞册,详细记载每乡每户土地的亩数和方圆四至,并绘制成图。明朝政府即根据黄册和鱼鳞册来限制人民的迁徙和进行赋税徭役的剥削……在调查户口、丈量土地基础上又施行了里甲制和关津制……里甲内的人民要互相知保,不得隐藏户口,亦不得任意流徙。关津制是在全国“冲要去处”分设巡检司盘查行人,没有政府颁行的路引不能放行,越渡者以逃民律论。[3]

如果将这些情况与欧洲当时的情况相对照,民众在封建制度的压迫下遭遇的不公正、不自由以及资本主义的发展受束缚的状况是否具有惊人的相似之处?只是欧洲社会因循古希腊、古罗马的传统和从基督教教义中抽取出来的“平等”观念,民众的“权利”意识、“公平”意识和法治传统的影响更强,资本主义的因素发展得更早、更多,“市民阶级”即资产阶级的力量更大,包括资产阶级在内的民众反抗更强烈。17 世纪欧洲的历史与社会环境催生思想家们一波又一波地推动反封建的启蒙运动,情况相似但发展更慢的中国社会出现一些像黄宗羲、顾炎武、王夫之、唐甄这样的反对封建专制的思想家也就不足为奇。此时离“西学东渐”还有二百多年,也没有任何证据表明黄宗羲等人受到欧洲启蒙运动思想理论的影响,他们反封建专制思想的萌生,或许只能解释为历史发展规律使然。

---

① 翦伯赞主编:《中国史纲要》(第 3 册),人民出版社 1963 年版,第 202 页。
② 翦伯赞主编:《中国史纲要》(第 3 册),人民出版社 1963 年版,第 207 页。
③ 翦伯赞主编:《中国史纲要》(第 3 册),人民出版社 1963 年版,第 178 页。

3. 黄宗羲等反对封建专制思想产生的政治原因

对于以黄宗羲、顾炎武、王夫之、唐甄为代表的反封建专制思想，学术界已作了大量的研究，并有丰硕的研究成果问世，这里不再赘述。需要着重指出的是，除明中叶以来出现资本主义萌芽这一重要的社会因素对思想领域的影响外，促成以黄宗羲为突出代表的一批思想家萌生反对封建专制制度思想的政治因素值得认真分析。只要查阅近人关于黄宗羲等人思想研究的成果均可看到，他们对封建专制的批判，几乎都有重“民本”、护“民生”的动因，这其实是“以民为本”的儒学传统精神使然。

先秦以来“以民为本”思想经历了由治理之“道”嬗变为治理之“术”的历程，最后借“天人感应”学说和“灾异”之论，才仅仅守住“必须保障民众最基本生存权和发展权”的底线。社会主流意识一直是寄望于圣君贤相能够恪守“以民为本”的核心，即必须保障民众最低限的生存权和发展权的传统，绝对不敢生“无君无父”之念。但是这种状况到了明代却发生了重大的变化，而这种变化则起因于明朝君主权力恶性膨胀，在权力行使规范上摆脱了最后的一点制衡，在权力滥用危害民生上突破了民众能够承受的底线。

儒家学说对统治结构的理想化设计是这样的：君主应当是圣人，为万民当好道德典范，受万民敬仰、效仿，而具体的政务交由宰相领导的百官去办理。先秦著名的思想家荀子是这样来论述的：

> 故明主好要，而暗主好详。君者，论一相，陈一法，明一指，以兼覆之，兼炤之，以观其盛者也。相者，论列百官之长，要百事之听，以饰朝廷臣下百吏之分，度其功劳，论其庆赏，岁终奉其成功以效于君。当则可，不当则废。①

按照儒家学说的设计，圣明的君主就是注重提纲挈领的大事，事无巨细都去过问必然荒废政事。君主只要选择好一个宰相，制定好一部法律就行了。具体政事由作为百官之长的宰相总负责，督促百官各司其职，各

---

① 《荀子》卷7，《二十二子》，上海古籍出版社1986年版，第315页。

尽其责，年终君前述职，称职者继续干，不称职者罢免之。这当然是一种理想化的设计，家天下的君主是不可能像这样把权力完全授予他人的，但正如《魏书·官氏志》所言，客观现实中“元首不可以独断，乃命臣以佐之。”①君主不可能日理万机，事必躬亲，总是要将相当部分事权分给宰相和百官。这样一来，君主和臣下在权力分配上的博弈几乎成了中国古代社会的永恒主题。然而，自秦始皇建立统一的专制主义中央集权以来，统治集团内部的权力分配的斗争总是朝着君主集中更多权力的方向发展。君主通过机构设置变动、制造百官权力分散和相互制衡格局等种种方式，加强自身对权力的把控。但是在明代以前，宰相及其机构总是保留了一部分制度性的权力。如唐、宋时期宰相机构的运作机制是这样的：中书省（首长为中书监）、门下省（首长为侍中）、尚书省（首长为尚书仆射）三省同时组成宰相机构。皇帝与中书省商议后作出政策决定，然后将决定交“门下省”复议审核，如觉得妥当，交尚书省负责执行；如门下省觉得此项决定不妥，有权“封驳”，即驳回请皇帝与中书省再议。除此，皇帝对百官在表面上还是要维持住“君使臣以礼”的面子，对臣子可治罪、可杀头，但不至于当庭进行人身污辱。

然而到了明代，这种状况发生了很大变化。明太祖朱元璋出身赤贫，当了皇帝后，其维护专制皇权的态度之绝决，几乎远在以往历朝皇帝之上。朱元璋为了防止功臣对皇权形成威胁，将开国功臣几乎杀戮殆尽。不仅如此，还从制度和机构方面作出了强化皇权的重大调整。洪武十三年（1380 年），朱元璋借左丞相胡惟庸擅权乱政一案，干脆“废去中书省和丞相，分权于吏、户、礼、兵、刑、工六部直属于皇帝。又以兵部和五军都督府分掌军事，刑部、大理寺、都察院分典刑狱，使其互相牵制，一切兵刑大权都总揽于皇帝”。② 在废中书省和丞相后，朱元璋“另设华盖殿、谨身殿、武英殿、文华殿、文渊阁、东阁等大学士，为皇帝顾问”。③ 明成祖朱棣在此基础上设立“内阁”，由皇帝亲自从官员中选拔五至七人，仍然充当

---

① （北齐）魏收：《魏书》卷 113，中华书局 1974 年版，第 2971 页。

② 翦伯赞主编：《中国史纲要》（第 3 册），人民出版社 1963 年版，第 176 页。

③ 辞海编辑委员会：《辞海》，上海辞书出版社 1980 年版，第 193 页。

“顾问”的角色，“在皇帝指挥下协助办理政事”，①并无任何实权，军国大事均由皇帝决断。在地方机构中，元代行省的丞相在该行省无所不统，而明代则“把各省的兵、民、钱、谷分别由布政使、按察使、都指挥使管理……叫做‘三司’”，同样是令其互相牵制，难以形成抗衡中央的山头。朱元璋还在都察院下设立监察御史，在京监察百官，出京则称“巡按御史”，“代皇帝巡视地方，弹劾官吏，监察民情。”②不仅如此，洪武十五年（1382年），朱元璋“设立了一个保卫皇帝、并从事侦缉活动的军事机构，即‘锦衣卫’。到了永乐十八年（1420年），（明成祖朱棣）又设立了‘东厂’，由皇帝信任的宦官统领。”③锦衣卫和东厂用特务手段监视百官和民众，直接受命于皇帝侦讯缉拿，案犯关押在厂、卫特设的监狱，不经过刑部等国家正式的司法机构审理，由厂、卫听命于皇帝直接办理，称为“诏狱”。经过制度和机构的这一系列大变动，明朝大大强化了封建专制制度，统治集团内部权力行使规范中对皇权的最后一点制衡也失去了，形成了皇帝独裁的极端专制的体制。明朝的这些举措对民本传统冲击之大，有学者作出这样的评价：“自明太祖废去宰相之职，君权相权集于一身……皇帝从而成为绝对超越之无限体，民意无由上达，政府与社会之间乃划下一条不可跨越之鸿沟，空前的专制帝国的形态因之毕具，鱼烂土崩，民不堪命，民本思想受到空前未有之浩劫。”④

皇帝独裁的极端体制使百官在皇帝眼中大大矮化，明世宗朱厚熜为外藩入继大统，却硬要违反礼制规定追赠自己的生父为“皇考”，朝臣群起劝谏。朱厚熜一怒之下，竟然不顾“君使臣以礼”的朝廷脸面，将大批劝谏的朝臣当廷“廷杖”，杖毙十余人，下狱一百三十多人，这是对朝臣们的极度羞辱的史无前例的暴虐行径，以当时“士可杀而不可辱”自诩的知识精英无不以为是奇耻大辱。

明朝政治又一个突出特点是皇帝防范朝臣，宠信内廷宦官。从明成

① 翦伯赞主编：《中国史纲要》（第3册），人民出版社1964年版，第180页。
② 翦伯赞主编：《中国史纲要》（第3册），人民出版社1964年版，第176页。
③ 翦伯赞主编：《中国史纲要》（第3册），人民出版社1964年版，第181页。
④ 金耀基：《中国民本思想史》，法律出版社2008年版，第151页。

祖朱棣起赋予宦官“出使、专征、监军、分镇、刺官民隐事”①等很大的权柄，作为对朝官的牵制力量。王朝内廷设置宦官二十四衙门，其中的“司礼监”甚至代皇帝审阅奏章，传布政令。宦官是皇帝的奴才，让宦官掌权任事，完全听命于皇帝，不像朝官那样每每引经据典，搬出“祖宗之制”“圣贤之训”来妨碍皇帝的为所欲为。明中叶以来的历代诸君，几乎都是穷奢极侈、懒于政事之辈，长期不上朝、不问政事，宦官趁出纳皇命之机，上下其手，挟制朝臣，逐步掌握了国家大权。而宦官一般出身社会下层，成分复杂，因受非人性的形体摧残而心理阴暗。一旦大权在手，极易表现出贪婪、暴虐的特征，残酷剥削民众，败坏政治风气，践踏起码的规矩，作恶没有底线，因此明朝政治大坏。在统治集团丝毫没有节制的盘剥榨取之下，民众最起码的生存权都受到严重威胁，反抗斗争此伏彼起，后金趁势崛起，明朝在苦苦挣扎之后，终于在农民大起义和后金政权的攻击下倾覆。

对黄宗羲等深受儒家传统影响的知识分子而言，明中叶以来资本主义因素萌芽受到封建专制特权的阻碍而表现出来的社会矛盾，对他们的思想造成的影响相对要间接一些。真正激发他们萌生激烈的反对封建专制的思想，还是来自政治方面的因素。黄宗羲等人几乎有同样的人生经历：黄、顾都参加过同宦官势力作斗争的政治组织“复社”，王夫之参加过希望改革社会现状的“行社”“匡社”；清军入关后，三人都参加过抗清斗争，失败后又都义不仕清；唐甄虽长于吴江，但其对于家乡四川在明末清初战乱中生民涂炭、人口锐减的悲惨状况，不会没有耳闻和深深的感触。他们连续经历了“阉党”祸乱、农民起义以及山河剧变，这样的家国情仇、切肤之痛，对他们思想造成的影响才是最为直接的。

对于这些学富五车的思想家来说，逻辑其实非常清楚：正是明代封建专制特权这样恶性发展，才造成政治秩序如此混乱，也才导致如此祸国殃民的“阉党”之乱；正是“阉党”依仗皇权的胡作非为，朝廷政治风气才如此之败坏，当权的贵族、官僚们才如此之腐败无能、贪赃枉法，致使阶级矛

① 翦伯赞主编：《中国史纲要》（第3册），人民出版社1964年版，第180页。

盾和民族矛盾发展得如此之尖锐，民众完全失去休养生息的基本保障而不得不奋起反抗，终致天下大乱。然而他们通达古今的学养以及在社会剧变中亲身实践的经验教训，使他们认识到，明朝并非只是因为出现了几个践踏“必须保障民众最基本的生存权与发展权”这个“以民为本”原则底线的昏君，才产生了这样的后果。乱政在整个明朝愈演愈烈，是封建专制制度发展到一定程度的必然结果。纵观历史，要守住“以民为本”的底线，仅靠以往的“改厥元子”、废弃一两个昏暴之君的方式是不可能从根本上解决问题的，更何况在那样前所未有的严密控制之下，以往的废君之举几乎是不可能的，必须否定封建专制制度。其中最激进的是黄宗羲的主张，要求从根本上否定君主制。

黄宗羲等人反对封建专制思想主张的出现，在中国古代“以民为本”思想发展历史上具有十分重要的意义，其标志着“以民为本”思想作为把阶级冲突调节到“秩序的范围内”的统治之“术”的时代将告结束，“以民为本”思想将以反对封建专制制度的面貌进入新的发展时期。

（二）“以民为本”思想向“反帝反封建”方向的演进

1.“鸦片战争”后中华民族面临的空前危机

19世纪初，西方资本主义的发展随着接连不断的经济危机，殖民扩张的罪恶之剑终于指向了中国。1840年2月，英国内阁借口鸦片贸易被中国政府取缔，决定发动侵华战争。还处于封建专制统治下农业社会的中国，较之西方资本主义国家已处于全方位落后的态势，加之清政府当权集团的腐朽无能，中国在“鸦片战争”中失败。清廷“把妥协派造成的军事失败归罪于反侵略的正义主张。由于英国侵略者的军事讹诈，妥协投降路线在清朝统治集团中占了上风”。[①] 从签订割地赔款的《南京条约》开始，其后两年中，中国政府被迫与英国签订了一系列不平等条约，其中广州等“五口通商”须得与英国协定关税，中国关税自主权开始遭到破坏；英国侨民刑事犯罪交由英国领事按英国法律办理，即所谓“领事裁判权”，中国的司法权开始被破坏；1843年签订的《中英虎门续约》中，英国

① 翦伯赞主编：《中国史纲要》（第4册），人民出版社1964年版，第8页。

又攫取了片面的“最惠国待遇”。其后，帝国主义列强通过这样那样的手段和方式，“都在‘利益均沾’的名义下享受对中国的这一切特权”，①中国由此而沦为半殖民地半封建社会。随着帝国主义列强经济掠夺和文化侵略的不断加剧，中国的主权一步步从被蚕食发展到被鲸吞。1895 年中日“甲午战争”之后，列强们分头夺取“租借地”和铁路线，占夺海港，划分“势力范围”。在“1896—1898 的两三年中，中国大部分的主要地区都被帝国主义作为势力范围划分干净了，甚至中国海岸线上已经找不到可以作为自己海军根据地的港口，中国主要铁路干线都落到别人手里，连粤汉路路权也在 1898 年 4 月被当时还忙于进行对西班牙战争的美帝国主义抢去了。”②至此，具有五千年从未间断过的发展历史的中国，真真切切地面临着“瓜剖而豆分”的严重危机局面。

2. 半殖民化加剧对民众基本人权保障的进一步破坏

鸦片战争以后，帝国主义列强一次又一次造成经济破坏和强加给中国的“赔款”负担，被清廷和地主阶级转嫁到小农户身上，加之洋货输入对小手工业的冲击，小农户和小手工业者大量破产，阶级矛盾迅速发展到空前尖锐的程度，终于引发了以太平天国革命为主要代表的农民起义。1851 年爆发的太平天国起义席卷了大半个中国，与其呼应的捻军起义和西南地区的苗民、西北地区回民起义一直延续到 19 世纪 70 年代。这一轮农民起义延续时间长，影响的地域范围广，清朝勾结帝国主义对起义进行残酷的镇压，战争惨烈，对社会经济的破坏相当剧烈。据直接参与镇压起义的清军统帅人物曾国藩、李鸿章、左宗棠、刘蓉等人亲口所言，皖南及江宁各属“数十里野无耕种，村无炊烟”，“苏省一望平芜，荆榛塞路，有数里无居民者”，浙江“人物凋耗，田土荒芜”，“残黎喘息仅属者，昼则撷野菜为食，夜则就土块以眠”，陕西“西、同、凤三府地最沃饶，今土地之开垦者十不二三；而人民之死亡者十居六七”。③ 可见在帝国主义列强和封建专制的清朝统治集团共同进行的残酷政治压迫和经济剥削下，作为民众

① 翦伯赞主编：《中国史纲要》（第 4 册），人民出版社 1964 年版，第 10 页。
② 翦伯赞主编：《中国史纲要》（第 4 册），人民出版社 1964 年版，第 16 页。
③ 翦伯赞主编：《中国史纲要》（第 4 册），人民出版社 1964 年版，第 42 页。

最低限的生存权和发展权都完全失去了保障，这就意味着此时的清朝已经彻底突破了传承几千年的“以民为本”治国思想设定的底线，“改朝换代”已为期不远了。

3. 近代改良派与革命派的基本人权保障思想

鸦片战争战败后，中国面临的危机一步一步加深，精英阶层中一些先知先觉者如林则徐、龚自珍、魏源等人，开始对中国自身存在的制度问题进行反思，希望通过学习西方，“变古”“更法”使中国国富兵强。中日甲午战争之后，曾经的“天朝大国”居然败于一个长期仰视中国的“蕞尔小国”日本之手，被迫割地和交纳巨额赔款。这一无法接受的现实极大地刺激了中国的知识阶层。日本在不长的时间中完成“明治维新”，实现了所谓的“脱亚入欧”，跻身“列强”之列，促使一大批具有强烈的民族危机意识的知识分子求知若渴地通过各种途径去学习西方新文化。欧洲文艺复兴、启蒙运动以来的大量政治、经济、哲学、社会、文艺著作如赫胥黎的《天演论》、卢梭的《民约论》、孟德斯鸠的《法意》、斯宾塞的《社会学原理》、亚当·斯密的《原富》，从但丁、达·芬奇到莎士比亚的文学、艺术作品以及达尔文的《物种起源》和马克思、恩格斯的《共产党宣言》等都被翻译出版。“另据上海人民出版社从 1965 年起出版的《中国近代期刊篇目汇编》统计，从 1857 年到 1918 年的 60 年间，在 495 种、一万一千多册的期刊文章篇目中，介绍西方哲学社会科学、进化论以及西方政治学说中自由平等、天赋人权理论和各种人生观的文章，竟然占到了总数的三分之二以上。”①这些代表西方新文化的著作中绝大部分是为资本主义发展鸣锣开道，虽然其思想的核心是张扬个人的尊严和个人的自由，“将个人权利和自由的获得同国家结构、社会制度联系起来”②，与中华“以民为本”思想轻个体人权、重群体民权，特别强调必须保障最基本的生存权、发展权的传统有较大差异，但锋芒所向是直指封建专制特权，通过在中国社会的广泛传播，必然会产生动摇封建专制主义的思想基础和政治基础的作用。

---

① 吴忠希：《中国人权思想史略：文化传统和当代实践》，学林出版社 2004 年版，第 91 页。
② 徐显明主编：《人权法原理》，中国政法大学出版社 2008 年版，第 9 页。

达尔文的“进化论”宣扬的“物竞天择”的理论和帝国主义列强奉行“丛林法则”的现实，使主权尽失、面临“亡国灭种”的中国知识阶层，对整个民族失去基本生存权、发展权保障的威胁步步迫近忧心如焚，更是增强了对帝国主义列强的敌视情绪，也大大加深了对一再丧权辱国，同时又极力压制中国人民反对帝国主义列强斗争的清政府的愤懑情绪，变革现状的诉求十分强烈。

近代改良主义的主要代表人物康有为及其思想的研究几乎已是题无剩义。综观康有为的学说，糅杂儒家民本思想与启蒙思想家卢梭等人的“自然权利”说、“社会契约”论以及基督教的“平等”观，作为维新变法的理论支撑。康有为虽然认为当下可行的体制与制度是“君主立宪”，但其追求的最终目标其实是其所谓的“大同”社会。其《大同书》开篇的“人世界观众苦”历数劳苦大众基本生存权、发展权在封建专制下毫无保障的苦难，并循着《礼记·礼运》的基调“给人们设计了一个没有阶级、没有压迫、人人平等、生活富裕的美妙‘大同’社会”。[①] 梁启超“自述其所受乃师最深刻之影响，不在‘康学之尊孔’，而在‘救民之宏愿’”，“谓其师每说国事杌陧，生民憔悴，或至欷歔流涕”。[②] 由此可见，康有为在“以民为本”精神的追求上，较汉代以来以保障民众最基本生存权和发展权为底线的传统是有所超越的。尽管康有为变法维新具有救国救民的良好愿望，但却完全不具备获得成功的社会环境条件，最终演变成“百日维新”与“六君子喋血”的历史悲剧。

近代资产阶级革命派的代表人物当然非孙中山莫属，他作为中国近现代发挥承前启后作用的第一位思想家和革命家，是中国几千年君主制的伟大终结者。孙中山的治国思想，涵盖于“三民主义”之中，1905 年孙中山在《民报》发刊词中提出“三民主义”概念时说：“余维欧美之进化，凡以三大主义，曰民族、曰民权、曰民生……三大主义皆基本于民，递嬗变易，而欧美之人种胥冶化焉。”[③]足见孙中山自己是认为，他是基于“以民

① 吴忠希：《中国人权思想史略：文化传统和当代实践》，学林出版社 2004 年版，第 113 页。
② 金耀基：《中国民本思想史》，法律出版社 2008 年版，第 169 页。
③ 《孙中山选集》（上册），人民出版社 1956 年版，第 71 页。

为本”而提出“三民主义”的。但孙中山并不是生搬硬套促成欧美进化的“三大主义”，他指出这“三大主义”在欧美不同国家也是“递嬗变易”的，故而必须结合中国的实际情况来推行。他用浅显的中国话语介绍“三民主义”说：“民族主义是对外人争平等的，不许外国人欺负中国人；民权主义是对本国人争平等的，不许有军阀官僚的特别阶级；民生主义是对于贫富争平等的，不许全国男女有大富人和大穷人的分别，要人人都能够做事，人人都能够有饭吃，这就是三民主义的大意。”①从这段阐释中可以清楚地看出，孙中山的“民生主义”理念一是继续发挥近代转入反帝反封建特权轨道的“以民为本”思想的革命精神；二是坚持要做到“人人都能够做事，人人都能够有饭吃”，即坚持“以民为本”思想中必须保障人民大众“最基本的生存权和发展权”这个一以贯之的核心理念的。孙中山 1924 年 8 月 3 日在其“民生主义”第一讲中，在定义“民生”时这样说：“民生就是人民的生活——社会的生存、国民的生计、群众的生命便是”。② 在 8 月 10 日的第二讲中又说：“社会的文明发达，经济组织的改良和道德进步，都是以什么为重心呢？就是以民生为重心”。③ 不用多加解读，孙中山的“民生主义”，就是围绕民众的生存权、发展权这一基本人权展开的。

孙中山虽然认为欧美经济与社会的发展远远走在中国的前面，但其对资本主义社会的弊端还是有深深的感触，特别是对于资本和资产阶级出自固有本性的追求利润最大化造成的日益尖锐的社会矛盾，有着非常深刻的认识。他在 8 月 10 日“民生主义”第二讲中说：“现在欧美的工商业进步到很快，资本发达到极高，资本家专制到了极点，一般人民都不能忍受……到底欧美将来解决社会问题是采用什么方法，现在还是看不出来，还是料不到。”④要确保民众生存与发展的权利，就不能直接搬用欧美放任私人资本无限扩张的制度和政策。同时，他从中国还是一个落后的农业国、绝大部分人口还是靠土地吃饭的农业人口的现实出发，认识到必

---

① 《孙中山选集》（下册），人民出版社 1956 年版，第 903 页。
② 孙中山：《三民主义》，九州出版社 2011 年版，第 153 页。
③ 孙中山：《三民主义》，九州出版社 2011 年版，第 179 ~ 180 页。
④ 孙中山：《三民主义》，九州出版社 2011 年版，第 173 页。

须满足农民对土地的诉求。因而,他领导的国民党“对于民生主义定了两个办法:第一个是平均地权,第二个是节制资本。只要照这两个办法,便可以解决中国的民生问题”。[①] 他特别指出,“民生主义和资本主义根本不同的地方,就是资本主义是以赚钱为目的,民生主义是以养民为目的”。[②] 孙中山对如何推行“民生主义”提出了许多具体设想,如国家怎样切实保障民众的食、衣、住、行,如何发展实业,甚至如何发展农业生产、提高产量等都有涉及,但归结起来仍然是围绕一个中心,即如何保障人民的生存权和发展权。

可惜孙中山先生壮志未酬,蒋、汪相继背叛国民革命,其后 22 年,中华大地烽烟不断,孙中山的“三民主义”理想完全失去了贯彻实施的基本条件,其“民生主义”蕴含的保障民众生存权与发展权的理念与种种实施构想,只剩下一纸空文。

二、新民主主义革命时期中国共产党“以民为本”的革命性实践

中国共产党是以马克思列宁主义作为指导思想、是为人民谋幸福、为民族谋复兴、为无产阶级和劳苦大众的彻底解放、以最终实现共产主义为奋斗目标的政党,是以“为人民服务”为根本宗旨的,因而是中华传统的以“保障民众最基本的生存权发展权”、并在近代演进为反帝反封建的“以民为本”思想的天然继承者和与时俱进的发展者、创新者。中国共产党的纲领、路线以及各种宣言中从一开始就明确地展示了体现“保障民众基本生存权发展权”的“以民为本”思想的主张。与孙中山逝世后国民党将体现民本精神的“三民主义”束之高阁、名存实亡不同,中国共产党在自己直接领导和可以施加影响的范围内,将保障民众生存权、发展权的“以民为本”理念积极付诸实施,并取得了令人瞩目的成就和经验,对新民主主义革命成功发挥了巨大的推动作用。

(一)中国共产党纲领、宣言蕴含的“民本”精神

中国共产党作为一个以马克思列宁主义为指导的革命政党,在新民

---

① 孙中山:《三民主义》,九州出版社 2011 年版,第 1720 页。
② 孙中山:《三民主义》,九州出版社 2011 年版,第 200 页。

主主义革命的历史时期，十分自然地是围绕开展阶级斗争和无产阶级及劳苦大众的革命来制定自己的纲领和路线的。但刚刚诞生的中国共产党尚且无活动经历和斗争经验的积累，因此其第一次代表大会通过的《中国共产党第一个纲领》，主要是从宏观上宣示本党的政治主张。但党的一大党纲中提出的“废除资本私有制”“消灭阶级”等主张，在“阶级斗争”思维逻辑和话语体系中，都具有为大多数民众争生存权与发展权的明确指向。在中国共产党建党的次月，就专门成立“中国劳动组合书记部”，开展工人运动，组织领导工人为维护自己的权益进行斗争。1922 年 6 月中国共产党在其发表的《对于时局的主张》中和 1922 年 7 月召开党的二大通过的宣言中，明确指出中国人民最基本的生存权和发展权失去保障、生活极端痛苦的根源是国际帝国主义和封建军阀的压迫，现阶段的革命目标就是要打倒军阀、推翻国际帝国主义的压迫。这是自近代中国爆发民主主义革命以来首次明确提出的彻底反帝反封建的民主革命纲领，也是近代“以民为本”思想在反帝反封建方向发展的一个崭新的“里程碑”。宣言还提出“制定关于工人和农人以及妇女的法律”，从“改良工人待遇”“废除丁漕等重税”等六个方面来帮助工人、农民和小资产阶级改善受压迫的境遇，以保障劳苦大众最基本的生存权和发展权。党的二大召开后，党领导下的中国劳动组合书记部拟订了《劳动法案大纲》。该大纲除列举了结社权、选举权、罢工权等政治权利外，还列举了最低收入权、保障权、受教育权等劳动者最基本的生存与发展权利。

（二）中国共产党领导下的争取基本人权的革命斗争实践

中国古代在进入阶级社会以来，虽然“以民为本”早已升华成为一种较为系统的政治哲学思想，但在治国理政实践中，其理念的应然与实践中的实然总是差距巨大，在漫长的古代社会更多的时间中仅仅只能守住保障民众最起码的生存权与发展权这条“避免（冲突双方）自己与社会消灭”的底线，而且常常因这一底线失守导致社会动乱甚至改朝换代，其根本的原因在于在剥削阶级作为统治阶级的社会条件下，人民不可能居社会主体地位，任何圣君贤相都不可能站在人民立场上去切切实实践行“以民为本”的理念。近代以来主张民本主义的其他党派和政治集团因其阶级局限性，其体现民本精神的主张基本上也是停留在书面上和口头上。而中国共产党的革命性质和指导思想决定了其是一个积极将革命理论付诸革命实践的革命党。故其从成立起，在积极宣传自己革命理念的同时，不断领导工人阶级和广大劳动群众投入到维护自己生存权、发展权这一基本人权的斗争中。1922 年就连续组织和领导了香港海员大罢工、开滦煤矿大罢工、安源煤矿大罢工，形成了第一次工人运动高潮。在安源煤矿大罢工中，罢工工人喊出了“从前是牛马，现在要做人”的口号，充分反映了劳苦大众要求保障最基本生存权、发展权的诉求。1923 年党又组织领导了京汉铁路“二七”大罢工，明确提出“争自由，争人权”的口号，震动全国，给予反动势力沉重打击，在中国工人运动史上留下光辉的一页。

中国共产党在领导新民主主义革命运动中，在自己主政的区域内，都立即将保障人民生存权、发展权这一基本人权的精神，转化为自己的法律制度和政策。

1927 年北伐军逼近上海，中国共产党领导上海工人阶级武装起义成功，建立了上海市民代表政府，立即公布了《上海各界之总要》和《上海特别市临时市政府政纲草案》等法规性文献，对保障人民群众的各项权利作出规定。

土地革命时期，中国共产党针对民众生存权保障问题突出地体现在占人口绝大部分的无地、少地的农民对土地的诉求上，在通过武装割据建立起苏维埃政权的区域，均实行了废除地主土地所有制的法规与政策。中国第一个县级苏维埃政权——1927 年 11 月建立的海陆丰苏维埃政府成立后，首先进行土地分配，将大量地主占有的土地分配给农民，统一颁发土地使用证，并在苏维埃政府中专门设置“土地科”督促和指导土地分配事宜。毛泽东同志领导的秋收起义队伍在湘赣边界建立革命根据地后，组建的湘赣边界政府在 1928 年 12 月颁布了《井冈山土地法》。这个土地法规定将一切土地收归苏维埃政府，以人口为标准平均分配给农民耕种。1931 年 11 月，中华苏维埃第一次全国代表大会在江西革命根据地瑞金召开，大会制定并通过了《中华苏维埃共和国宪法大纲》（以下简称《宪法大纲》）、《中华苏维埃共和国劳动法》以及《中华苏维埃共和国土地法》,并庄严宣告中华苏维埃共和国临时中央政府成立。《宪法大纲》明确指出宪法的任务是,“保证苏维埃区域工农民主专政的政权和达到它在全中国的胜利。这个专政的目的,是在消灭一切封建残余,赶走帝国主义列强在华的势力,统一中国,有系统地限制资本主义的发展,进行国家的经济建设……中国苏维埃政权以彻底地改善工人阶级的生活状况为目的,制定劳动法,宣布八小时工作制,规定最低限度的工资标准,创立社会保险制度与国家的失业津贴,并宣布工人有监督生产之权。中国苏维埃政权以消灭封建制度及彻底地改善农民生活为目的,颁布土地法,主张没收一切地主阶级的土地,分配给贫农、中农,并以实现土地国有为目的。中国苏维埃政权以保障工农利益,限制资本主义的发展,更使劳苦群众脱离资本主义的剥削,走向社会主义制度去为目的”。[①]《宪法大纲》继续宣示党的二大纲领中彻底反帝反封建的理念,表明中国共产党清楚地认识到只有彻底清除帝国主义和封建残余势力,才能够保障人民的生存权和发展权。应当指出的是:《宪法大纲》以更加激进但却是十分现实的方式(阶级斗争方式),来解决孙中山“民生主义”主张的“平均地权”和“节制资本”的问题。作为苏维埃共和国的根本大法,广泛分布在十几个省三百多个县的五大苏区各级政权均根据这个《宪法大纲》制定了大量保障民众基本生存权和发展权的法令和政策,使共产党领导下的所有苏区绝大多数劳苦大众生存状况得到实实在在的改善,共产党的政治主张得到了广大劳苦大众的热烈拥护,整个苏区出现了崭新的生气蓬勃的政治局面。

抗日战争爆发以后,中国共产党根据民族矛盾上升的新形势,提出了组织抗日民族统一战线的主张,团结一切赞成抗日的力量,与日本帝国主义侵略者进行坚决的斗争。中国共产党领导的苏维埃政权向实行“三三制”的抗日民主政权转变。所谓“三三制”的政权建设原则,是在参议会和政府组成人员名额分配上共产党员占三分之一,代表无产阶级和贫农;非党进步人士占三分之一,代表广大的小资产阶级;中间分子占三分之一,代表开明士绅和中产阶级。各方人员均由民众民主选举产生。“三三

① 《宪法大纲》,1931 年中华苏维埃第一次全国代表大会通过。

制”这种抗日民族统一战线民主政权的组织形式,使除汉奸和反动分子外的社会各阶级、各个阶层、各个党派和无党派爱国人士都有表达诉求、参政议政的权利,使作为领导者的共产党能够广泛了解情况、听取各方面的意见、协调各方利益,能更好地保障人民的生存权和发展权,充分体现了中国共产党的根本宗旨,那就是真实地做到“以民为本”。为了团结一切爱国力量共同抗日,共产党领导的边区政府调整了土地革命时期以激烈的阶级斗争方式打击地主土地所有制的政策,改而实行“减租减息,交租交息”,“保障边区一切抗日人民的私有财产权及依法之使用及收益自由权(包括土地、房屋、债权及一切资产)”,[①]最大限度地缩小了对立面、团结了一切可以团结的力量一致抗日,同时又保障了广大劳苦大众最基本的生存权和发展权。

为了克服日本侵略者和国民党反动派对边区的经济封锁造成的严重困难,边区政府毅然实行了“精兵简政”政策,努力减轻人民的负担。党中央领导边区军民开展“大生产运动”,军政人员在开展对敌斗争的同时,抽出时间积极投入各种生产活动,做到自己动手,丰衣足食,涌现出八路军三五九旅将荒山“南泥湾”变成米粮川这样的一大批先进典型,有力地粉碎了日本侵略者和国民党反动派妄图依靠经济封锁困死边区的阴谋,同时使边区人民的基本生存权得到了保障。

解放战争时期,中国共产党针对国民党反动派的法西斯统治对进步人士和广大人民群众的政治迫害和经济上巧取豪夺造成通货膨胀、民不聊生、基本生存权失去保障的严重局面,在国统区领导人民群众掀起了广泛深入的“反饥饿、反迫害、反内战”和“争自由、争民主、争人权”的民主运动。而在不断扩大的解放区,则主要解决几千年来农民视作基本生存权、发展权保障的物质基础的土地问题。1946 年 5 月 4 日,中共中央以党内文件的形式,下发《关于土地问题的指示》,提出以“没收分配敌伪土地”(东北地区)、“以清算为基本方式”将土地收归农民所有(各解放

---

① 《陕甘宁边区保障人权财产条例》。转引自吴忠希:《中国人权思想史略:文化传统和当代实践》,学林出版社 2004 年版,第 159 页。

区)、“以征购和开明绅士献田的方式”(陕甘宁边区)等三种方式来解决耕者有其田的问题,这就是著名的“五四指示”,[①]通过贯彻“五四指示”,解放区土地改革进展迅速。1947 年 7 月,在解放区普遍取得土地改革经验的基础上,中共中央在西北坡召开全国土地会议。10 月,会议通过并颁布《中国土地法大纲》,明确提出“废除封建性及半封建性剥削的土地制度,实行耕者有其田的土地制度”。规定了土地财产分配的原则和方法,以及保护工商业的政策。“《中国土地法大纲》是中国共产党领导农民进行 20 多年土地改革的经验总结,它在指导思想上继承了土地革命和减租减息的经验,明确了土地改革的阶级路线、斗争策略和斗争目的,提出了成熟的土地改革总路线:‘依靠贫农,团结中农,有步骤地、有分别地消灭封建剥削制度,发展农业生产。’”[②]《中国土地法大纲》的颁布和实施,解放区广大农民群众的生存权和发展权得到可靠的保障,革命热情和生产积极性空前高涨,为保卫胜利果实踊跃参军、踊跃支前;国统区的农民群众翘首以盼,以贫苦农民为主要成分的国民党下层士兵军心浮动,厌战思归,极大地动摇了国民党的反动统治,大大加快了解放战争胜利的进程。

(三)“为人民服务”根本宗旨的确立

马克思、恩格斯著名的《共产党宣言》宣示了“无产阶级只有解放全人类,才能最后解放自己”的崇高理念。因而,中国共产党自成立以来,其所组织、领导的一切革命活动,都是围绕人民特别是中国人民翻身解放来进行的。这不仅充分体现了一个坚持阶级斗争和无产阶级革命信念的马克思主义政党的本质属性,同时又与保障人民生存权与发展权的中华“以民为本”传统精神相契合。党在不同时期、针对不同具体情况提出了这样那样的政治诉求的口号,但最能反映中国共产党将马克思列宁主义与中国革命的具体实践相结合、最能体现党的根本宗旨的提法是:“为人民服务”。

1944 年 9 月 8 日,毛泽东同志通过悼念张思德同志,将中国共产党的根本宗旨升华、归纳为“为人民服务”。他说:

---

① 吴忠希:《中国人权思想史略:文化传统和当代实践》,学林出版社 2004 年版,第 165 页。
② 吴忠希:《中国人权思想史略:文化传统和当代实践》,学林出版社 2004 年版,第 166 页。

> 我们的共产党和共产党领导的八路军、新四军，是革命的队伍。我们这个队伍完全是为着解放人民的，是彻底地为人民的利益工作的。①

毛泽东同志这里讲的“完全是为着解放人民”，体现的是作为中国无产阶级先锋队组织的中国共产党，坚定地将《共产党宣言》中无产阶级必须为解放全人类而奋斗的理念付诸中国革命的实践；毛泽东同志讲的这个“彻底为人民的利益”，就是表明中国共产党人要坚定地保障人民的一切权利，而这些权利中首要的权利就是生存权与发展权这一基本人权。中华传统的“以民为本”思想在中国古代社会实际所发挥的，仅仅是守住“保障民众最起码的生存权发展权”这条底线的作用（而且还经常失守而导致社会动荡），而中国共产党则是要全面保障和不断发展人民的一切权利。毛泽东同志在《为人民服务》一文中继续说：

> 因为我们是为人民服务的，所以，我们如果有缺点，就不要怕别人批评指出。不管是什么人，谁向我们指出都行。只要你说得对，我们就改正。你说的办法对人民有好处，我们就照你的办……只要我们为人民的利益坚持好的，为人民的利益改正错的，我们这个队伍就一定会兴旺起来。②

当中华历史发展进入阶级社会、“国家”产生以来，民众作为社会生活主体的地位逐步被以君主为代表的剥削阶级统治集团所取代，以君主为代表的统治集团成为国家政治生活的中心，人民在政治生活中只是作为被治理的对象而存在。而毛泽东同志在《为人民服务》中的这段表述，非常明确地将人民作为“主人”、置于政治生活的中心和主体地位，这就为中国共产党在治国理政中，努力真真实实、完全彻底地践行“以民为本”奠定了理论基础。至此，传统的“以民为本”思想的内涵，开始发生划时代的革命性变革。

---

① 《毛泽东选集》（第3卷），人民出版社1966年版，第954页。

② 《毛泽东选集》（第3卷），人民出版社1966年版，第954页。

第五章　“以民为本”思想的革命性变革和伟大实践与新中国人权事业的发展成就

一、新中国人权发展基础的奠定与社会变革

新中国的成立，标志着自鸦片战争以来，中国人民前赴后继、艰苦卓绝的反对帝国主义、封建主义和官僚资本主义的革命斗争取得了历史性的伟大胜利，“占人类总数四分之一的中国人从此站立起来了”。[①]面对国民党反动派留下的积弊深重的中国社会，中国共产党领导的人民政权要迅速恢复和发展社会经济，让人民生存权、发展权这一首要基本人权切实得到保障，就必须首先进行广泛深刻的社会变革，终结几千年的剥削阶级的统治，消灭帝国主义、封建主义、官僚资本主义的残余势力，彻底荡涤旧社会的污泥浊水。诉求用法制的手段主导和推动这场史无前例的社会变革，就必须首先确立人民当家作主的国家制度，为开展社会变革和全面发展人权事业创造根本的政治

① 《毛泽东选集》(第5卷)，人民出版社1977年版，第5页。

前提和奠定坚实的制度基础。

(一)人民当家作主的国家制度的确立

毛泽东同志在中国人民政治协商会议第一届全体会议的开幕词中指出:“中国人从来就是一个伟大的勇敢的勤劳的民族,只是在近代是落伍了。”[①]当资产阶级革命和工业革命在欧洲北美带来巨大的社会进步时,古老的中国却因闭关锁国、封建专制制度恶性发展、人民的生存权与发展权失去保障而痛失工业化的历史机遇,经济与社会的发展远远落在欧美资本主义国家之后。当欧美资本主义国家利用自己的先发优势在全世界进行殖民扩张之后,中国一步步沦为主权尽失、生产关系极度落伍、生产力低下、社会极度贫穷落后的半封建、半殖民地国家。近代以来中国的志士仁人,均痛切地认识到中国社会不变革则不能图强,不断探索在中国实行政治改革、社会改造的途径,但均受制于历史的局限性,未能找到一条符合中国国情的正确的社会变革之路。领导中国完成社会变革、实现中华民族伟大复兴的光荣历史使命,落到了中国共产党的肩上。

彻底打碎旧的国家机器,建立新的人民当家作主的国家机器,是实现社会变革的根本政治前提。1949 年秋,解放战争中的辽沈、淮海、平津和渡江战役已经胜利结束,国民党的军事力量土崩瓦解,蒋介石怆惶下野,南京解放,国民党的统治全面崩溃,中国共产党领导的新民主主义革命即将获得全国性胜利。旧的国家机器被打碎以后,中华大地上将建设一个什么样的国家,确立一个什么样的国体和政体,如何将体现以人民当家作主的革命成果用法律形式固定下来,如何规定建国后的大政方针作为全国人民共同遵守的准则等问题都迫切需要制定一部具有国家根本大法性质的文件。然而,当时的具体情况,还无法召开由普选产生的全国人民代表大会和制定正式的宪法,于是中国共产党邀请各民主党派和人民团体、人民军队、各地区、各民族及国外华侨等各个方面的代表,组成了具有最广泛代表性的新的中国人民政治协商会议,

① 《毛泽东选集》(第 5 卷),人民出版社 1977 年版,第 5 页。

在普选产生的全国人民代表大会召开之前代行其职权。9 月 29 日,政协全体会议通过了宪法制定之前具有国家根本大法性质的《共同纲领》,新中国的法统因之而产生。

《共同纲领》对新中国的国体和政体作出了明确规定,“中华人民共和国为新民主主义即人民民主主义的国家,实行工人阶级领导的、以工农联盟为基础的、团结各民主阶级和国内各民族的人民民主专政”“中华人民共和国的国家政权属于人民。人民行使国家政权的机关为各级人民代表大会和各级人民政府。各级人民代表大会由人民用普选方法产生之。各级人民代表大会选举各级人民政府。各级人民代表大会闭会期间,各级人民政府为行使各级政权的机关。国家最高政权机关为全国人民代表大会。全国人民代表大会闭会期间,中央人民政府为行使国家政权的最高机关”。这就从国家根本大法的角度,确立了人民的国家主人地位。《共同纲领》对人民依法享有选举权和被选举权,有思想、言论、出版、集会、结社、通讯、人身、居住、迁徙、宗教信仰及示威游行的自由权,以及对男女享有平等权利、国内各民族享有平等权利均作出了明确规定,保障人民享有最广泛的民主权利;《共同纲领》关于“取消帝国主义国家在中国的一切特权,没收官僚资本归人民的国家所有,有步骤地将封建半封建的土地所有制改变为农民的土地所有制,保护国家的公共财产和合作社的财产,保护工人、农民、小资产阶级和民族资产阶级的经济利益及其私有财产,发展新民主主义的人民经济,稳步地变农业国为工业国”[①]的规定、关于“镇压一切反革命活动”、惩办一切反动分子的规定以及对国家的经济政策和文化教育政策作出的种种规定,充分体现了保障人民生存权、发展权这个首要的基本人权的精神。纵观古今,《共同纲领》是几千年来第一份将人民置于主体地位,真正地、全面地体现“以民为本”精神的法律文献,为完成中国历史上最为广泛而深刻的社会变革创造了根本的政治前提,奠定了坚实的制度基础。1954 年,第一届全国人民代表大会第一

---

① 《中国人民政治协商会议共同纲领》,载《建党以来重要文献选编》第 26 册,中央文献出版社 2011 年版。

次会议通过的《宪法》,确立了人民民主原则和社会主义原则,进一步完善了一切权力属于人民的国家制度,在《共同纲领》和《宪法》以及其他各项政策法规的保障下,新中国开展了宏伟的社会大变革。

(二)充分体现“以民为本”精神的社会变革

1.社会变革障碍的清除

在中国人民政治协商会议《共同纲领》对新中国的政治制度和大政方针作出明确规定之后,中国共产党领导全国人民以坚定不移的决心和雷厉风行的态度,有计划、有步骤地全面推动这些规定的实施,史无前例的社会大变革在中华大地上广泛开展。根据《共同纲领》第7条关于“中华人民共和国必须镇压一切反革命活动,严厉惩罚一切勾结帝国主义、背叛祖国、反对人民民主事业的国民党反革命战争罪犯和其他怙恶不悛的反革命首要分子。对于一般的反动分子、封建地主、官僚资本家,在解除其武装、消灭其特殊势力后,仍须依法在必要时期内剥夺他们的政治权利,但同时给以生活出路,并强迫他们在劳动中改造自己,成为新人。假如他们继续进行反革命活动,必须予以严厉的制裁”①的规定,通过充分发动群众,在全国范围内开展了轰轰烈烈的“清匪”、“反霸”和“镇压反革命”的运动,包括各种欺压群众的反动帮会、反动的宗族势力、“黄、赌、毒”等一切危害社会的痼疾,均遭受到毁灭性的打击。广大人民群众扬眉吐气,荡涤污泥浊水后的社会呈现一派欣欣向荣的景象,为社会大变革的顺利开展清除了障碍。

与此同时,中国人民在党的领导下,不畏强暴,几乎是动员全国的力量,积极投入“抗美援朝,保家卫国”的斗争中,终于打败了当时不可一世的美帝国主义,捍卫了国家的独立,巩固了新生的人民政权,赢得了世界爱好和平的人民对新中国的尊重。抗美援朝战争的胜利,有力地捍卫了中国人民的生存权与发展权,为国内社会大变革顺利推动提供了保障,成为中华民族走向伟大复兴的又一个新的“里程碑”。

① 《中国人民政治协商会议共同纲领》,载《建党以来重要文献选编》第26册,中央文献出版社2011年版。

2. 以“土地改革”为重点的各项民主改革的开展

新中国开展的各项民主改革中，土地改革是最重要的一项改革。中国是一个农业大国，农民占全国人口的绝大部分，在几千年封建地主土地所有制的束缚下，社会生产力发展停滞不前，广大劳动群众特别是农民生活极为困苦。保障和发展中国人民的基本人权，首先要体现在保障和发展占中国人口绝大多数的农民的生存权与发展权上，而新民主主义革命中农民对保障生存权、发展权这一基本人权的诉求，主要体现为“耕者有其田”。国民党反动统治崩溃的重要原因就是维护地主阶级的利益，不能践行孙中山“平均地权”的主张；而中国共产党之所以能够取得“以农村包围城市，最后夺取城市”的伟大胜利，根本原因就是站在占人口绝大多数的农民一边，坚决要求废除封建地主土地所有制，实行土地改革，实现“耕者有其田”。因此，新中国成立后，立即根据《共同纲领》的规定，“有步骤地将封建半封建的土地所有制改变为农民的土地所有制”①，在总结苏区、边区和解放区土地改革成功经验的基础上，在全国范围内实行以土地改革为重点的民主改革工作。

中共中央根据多年积累的领导革命运动、开展群众工作的经验，清楚地认识到民主改革任务的艰巨性和复杂性，坚持必须从中国的国情出发来部署新中国的民主改革工作。由于中国幅员辽阔，中华民族共同体中包含了多个兄弟民族，不同民族聚居地区自然环境和生产方式各异，经济与社会发展不平衡，风俗习惯也各有差别，实行民主改革的时间、方式、步骤应当从实际出发，绝对不能“一刀切”。中央根据不同地区经济与社会发展的不同情况，有针对性地制定以土地改革为重点的民主改革的方针政策，确定步骤和方法，组建民改工作队，积极发动和领导广大民众开展以土地改革为重点的民主改革工作。在土地改革和其他民主改革中，各级党组织和工作队不断总结经验，不断纠正“左”和“右”的偏差，坚决镇压顽固对抗民主改革的反动势力勾结帝国主义和国民党特务操纵的武装

---

① 《中国人民政治协商会议共同纲领》，载《建党以来重要文献选编》第 26 册，中央文献出版社 2011 年版。

叛乱,取得了民主改革的伟大胜利。以土地改革为重点的民主改革不仅在中华大地上废除了封建的地主土地所有制,而且还废除了一些少数民族聚居地区残留的更为落伍于时代的农奴制和奴隶制,使广大农民不仅从政治上,而且从经济上真正翻身做主人,使他们的基本人权得到保障和改善,极大地调动了他们的生产积极性,极大地解放了社会生产力。

通过取消帝国主义在中国的一切特权和没收官僚资产阶级的财产组成的国有企业从 1950 年起,也实行了生产管理制度的民主改革,建立了在厂长领导之下的工厂管理委员会和职工代表大会,使工人既是劳动者,同时又是企业的主人。而私人经营的企业,为实现劳资两利的原则,也逐步实行了由工会代表工人职员与资方订立集体合同,改变了以往一切由资方说了算的状况,保障了工人的合法权益。

贯彻《共同纲领》第 6 条的规定,1950 年,新中国颁行《婚姻法》,废除包办强迫、男尊女卑、漠视子女利益的封建婚姻制度,实行婚姻自由一夫一妻、男女权利平等、保护妇女和儿童合法权益的新婚姻制度,是中国人权保障事业全面发展的又一突出体现。

中国共产党根据马克思主义的民族理论,彻底否定了国民党的民族压迫和民族歧视政策,一贯坚持实行民族平等原则。新中国成立后,立即将党长期坚持的民族政策和党领导的内蒙古地区实行民族区域自治的制度和经验推向全国,使少数民族在祖国大家庭中享有的平等权利得到有效保障。1952 年《民族区域自治实施纲要》颁布,民族区域自治开始全面推行。1954 年《宪法》明确了民族区域自治的法律地位,以法律形式将少数民族管理本民族、本地区事务的自治权利固定下来,在维护国家统一、民族团结、促进少数民族聚居区的经济与社会的发展和改善少数民族的生存权、发展权的保障水平中发挥了重要的作用。

新中国始建,立刻着手医治战争创伤,迅速建立正常的金融秩序,促进社会经济的恢复发展。党和政府克服重重困难,在投入大量人力、物力和财力支持抗美援朝斗争的同时,充分调动人民群众在当家作主之后产生的巨大积极性,投入到热火朝天的经济建设中,仅用了三年时间,就使国民经济和人民生活恢复到历史最高水平。在此基础上,国家制定了第一个“五年计划”，开始为建立独立完整的国民经济体系布局，并不失时机地对农业、手工业、资本主义工商业进行社会主义改造，建立了社会主义的基本经济制度，为真正践行“以民为本”精神，确保人民生存权、发展权的不断改善奠定经济制度的基础。

根据《共同纲领》的规定：“各级政权机关一律实行民主集中制。其主要原则为：人民代表大会向人民负责并报告工作。人民政府委员会向人民代表大会负责并报告工作。在人民代表大会和人民政府委员会内，实行少数服从多数的制度。”这一规定的实质在于要求国家机关和公职人员必须遵行“向人民负责”的原则。而且，“在县市以上的各级人民政府内，设人民监察机关，以监督各级国家机关和各种公务人员是否履行其职责，并纠举其中之违法失职的机关和人员。人民和人民团体有权向人民监察机关或人民司法机关控告任何国家机关和任何公务人员的违法失职行为”，这就将监督国家机关和公职人员的权力交给了人民群众。《共同纲领》明确要求“中华人民共和国的一切国家机关，必须厉行廉洁的、朴素的、为人民服务的革命工作作风，严惩贪污，禁止浪费，反对脱离人民群众的官僚主义作风。”①可见新中国对国家机关运行规则和公职人员思想作风进行了深刻变革，这种完全以人民为依归的变革，规定了人民在政治生活中的主体地位，所体现的是真正的“以民为本”精神。

中国人民在中国共产党的领导下，以大无畏的革命精神，克服了种种困难和阻力，在不长的时间内胜利完成了体现真正的“以民为本”精神的各项民主改革，巩固了社会主义制度，捍卫了国家的独立和主权，增强了中华民族共同体的团结，解放和发展了社会生产力，极大地提高了中国的国际地位，中华民族重新自立于世界民族之林，开始走上伟大复兴的道路。

（三）新中国人权发展中的曲折经历

新中国确立了人民当家作主的社会主义制度，执政的中国共产党以“为人民服务”、真正践行“以民为本”为根本宗旨，全面推进人权事业的

---

① 《中国人民政治协商会议共同纲领》，载《建党以来重要文献选编》第 26 册，中央文献出版社 2011 年版。

发展,不断取得引人瞩目的成就。但是,中国作为一个幅员辽阔、人口众多、历史积淀深厚、社会矛盾复杂的人民民主专政的大国,在国际风云变幻之中,坚持独立自主、走前无古人的中国特色社会主义道路,不可能是一帆风顺、无风无浪的。因而在这样的社会历史环境中,中国人权事业发展的道路,也不可能是一马平川、毫无坎坷曲折的。回顾新中国人权发展经历较明显的坎坷曲折主要有两次。

第一次是冒进的发展方式对人权发展造成不良后果。新中国人民当家作主的社会主义制度的建立与以土地改革为重点的各项民主改革的推进,改革了旧的生产关系,极大地解放了社会生产力,新中国经济恢复和发展十分迅速,这完全符合马克思主义的原理。紧接着,农业、手工业、资本主义工商业社会主义改造的完成,农业走上了合作化的道路。按当时人们对马克思主义经典理论的认识,这当然是生产关系的又一次进步。苏联在推行农业集体化的过程中由于受到农民抵制而造成农业较大幅度减产,而我国的农业合作化并未造成农业减产,这一成果极大地鼓舞了我国高层的决策者。

新中国取得的成就和“抗美援朝”的胜利,极大地提高了新中国在世界上、特别是在当时的“社会主义阵营”中的地位,而中国的经济力量与中国所处的国际地位和应当发挥的作用很不相称。因而,尽快提高中国的经济实力,是当时中国上上下下都具有的热切希望。由于当时以美国为首的西方阵营暴露出的种种矛盾和东方阵营的发展,特别是苏联取得首发人造卫星等亮眼的科技进步,使我国高层作出了“东风压倒西风”的形势判断,提出了“十五年赶上英国”的奋斗目标,而实现这一宏伟战略目标的重要途径,就是制定“鼓足干劲、力争上游、多快好省地建设社会主义”的“总路线”,发动群众,全国各行各业开展“大跃进”,并在刚刚进行生产关系调整、建立农业生产合作社不久的情况下,又再次将生产关系向“一大二公”方面发展,迅速组建高级社,并很快在全国实现“人民公社”化。一些地方甚至喊出这样的口号:“共产主义是天堂,人民公社是桥梁”,要通过这个“桥梁”“跑步进入共产主义”。经济发展有自身的规律,生产关系必须适应生产力的发展是马克思主义的原理。生产关系落后于生产力发展的要求,生产力发展受到阻碍,社会经济的发展就会缓慢甚至停滞;如果生产关系脱离生产力和人们思想水平的实际超前发展,就会对生产力形成破坏。“大跃进”和“人民公社”化运动中,严重违背科学精神和党长期坚持的“实事求是”原则,致使国民经济发展遭到严重破坏,中国进入持续三年的经济困难时期,中国人民发展基本人权的努力遇到挫折。

第二次是阶级斗争扩大化对人权发展造成了严重的不良影响。中国共产党是在马克思主义的阶级斗争和无产阶级革命理论指导下,领导中国人民使用阶级斗争的方式,经过几十年流血牺牲才取得推翻“三座大山”的胜利。新中国成立后,又不断与国际帝国主义和国内反革命残余势力的侵略、颠覆和破坏活动作坚决斗争,阶级斗争这根弦一直绷得很紧。中国共产党作为领导人民推翻“三座大山”的革命党,在革命历程中积累了丰富的正反两个方面的经验,但革命胜利后如何以执政党的身份根据中国国情巩固人民民主专政和建设社会主义,却没有现成的模式可供借鉴。诞生于19世纪的欧洲的马克思主义应该如何同中国革命和社会主义建设的具体实践相结合,并不是一个轻而易举就能够解决好的问题。邓小平同志曾经坦诚地指出:“社会主义是什么,马克思主义是什么,过去我们并没有完全搞清楚”。[①] 因此路线和政策上出现偏差在所难免。例如,马克思、恩格斯提出阶级斗争,但他们却从未对什么是“阶级”进行过界定,“阶级”的定义是列宁作出的。然而“阶级社会”该如何定义?应该具备哪些要件?列宁也没有论述。新中国成立后,如果按照经典作家特别是列宁定义“阶级”的思路看,“三座大山”已经推翻、人民民主专政下的中国社会还是不是阶级社会?当中国的农业、手工业、资本主义工商业的社会主义改造完成后,中国社会的主要矛盾是什么?当国际范围内的极其复杂的阶级斗争和意识形态斗争影响到国内时,国内的政治形势应当如何正确地评估?这样一些重大的理论问题,其实当时并没有完全明了。党的八大对中国社会主要矛盾作了这样的表述:“我们国内的主要矛盾,已经是人民对于建立先进的工业国的要求同落后的农业国的现实之间的矛盾,已经是人民对于经济文化迅速发展的需求同当前经济文化不

① 《邓小平文选》(第3卷),人民出版社1993年版,第137页。

能满足人民需要的状况之间的矛盾。这一矛盾的实质,在我国社会主义制度已经建立的情况下,也就是先进的社会主义制度同落后的社会生产力之间的矛盾。解决这个矛盾的办法是发展社会生产力,实行大规模的经济建设”。[①] 历史已证明,这是一个将马克思列宁主义同中国社会主义建设的实际相结合的正确决定。根据党的八大的决议,全党的工作重心应当转移到经济建设上来。不幸的是,党的八大所作出的这一正确决议不久就因复杂的国际国内因素的影响而搁置,政治生活中阶级斗争的弦却越绷越紧,不少反映人民内部矛盾的问题和工作中正常的不同意见被上纲为“阶级斗争”动向,这不仅严重干扰了正常的经济建设和科学文化事业的发展,而且还制造了为数不少的冤、假、错案,严重地损害了当事人的人权,同时也对人民生存权、发展权这一首要基本人权的改善产生了负面作用。“阶级斗争扩大化”的错误在“文化大革命”中发展到极端,国家法制受到严重破坏,人权在“造反有理”的旗号下遭到随意践踏,国民经济在这场历时十年的大动乱中滑到崩溃的边缘,中国人民的生存权、发展权保障受到严重的损害,在新中国人权发展史上留下深刻教训。

新中国人权发展经历的上述两次坎坷曲折是十分明显而且直观的,对其教训的认识和作出正确的总结相对来说并不是十分困难。而另一种存在于人们头脑中的“为民作主”的旧传统观念意识,对人权发展的影响则是长期的,虽然不显眼,但是十分顽固。

阶级分化之前的初民社会,根据长期形成的“习惯法”,酋长一类的首领人物作为“秩序”的维护者,是坚持“以民为本”即以群体成员为本的;保障群体所有成员的生存与发展,是群体一切活动的目的,也是首领人物的职责。私有制发展导致“国家”产生以后,社会成员身份和地位发生变化,分化成“治人”者和“治于人”者。相传几乎已经是“准国君”的大禹就将其统治下的中华大地划为“九州”,每个州的长官就叫“州牧”。把治理称为“牧”民,把民众比喻为被牧养的牛羊,而君主和协助君主实施

---

① 《中国共产党第八次全国代表大会关于政治报告的决议》,载《人民日报》1956 年 9 月 28 日。

统治的百官则成为牧养牲畜的人。统治集团和民众在政治生活中身份和地位的悬殊差别也昭示着政治权利的差别,而这种差别体现为“礼”和法的种种复杂规定代代传承,广泛反映在社会生活的方方面面。民众是受治理、被管束者,官员是治理者、管束者,是“为民作主”的人,这在几千年的中国古代社会形成了根深蒂固的社会意识。

中国共产党将自身定位为工人阶级先锋队的组织,以“为人民服务”为根本宗旨,要求党的干部和国家机关工作人员都要努力摒弃非无产阶级的各种旧思想、旧作风,要完全彻底地为人民的利益去工作、去奋斗。然而,根据马克思主义关于客观事物发展规律的论述,我们应当认识到,改变几千年历史发展中形成的旧思想、旧意识,绝非朝夕之功。一些党员干部和国家机关工作人员,在传统的“官本位”意识的侵蚀下,忘记初衷,脱离群众,滋长官僚主义、主观主义,搞长官意志和“一言堂”,将群众当作管束和治理的对象,在一些重要问题的决策和处理上,只顾自己政绩,不顾及群众的根本利益和合理要求,做出一些损害群众利益甚至严重侵犯人权的行为,对社会主义人权事业的发展造成不利的影响。这种旧传统意识对人权事业发展造成的危害不是那么显眼,其所造成的单个的具体问题也并不是那么严重,但问题出现的分布面广,表现形式复杂,存续时间长,需要在党的组织建设和思想建设中长期坚持“为人民服务”的宗旨和“以人民为中心”的发展理念,持续开展不忘初心、牢记使命的教育,需要不断推进社会主义法治建设,通过坚持依法执政来逐步消除其滋生的土壤,为中国人权事业的全面发展进一步扫清思想障碍。

二、新中国对国际人权事务的逐步参与

明确提出“主权”概念和张扬“人权”意识,都开始于欧洲近代资本主义上升时期,而在涉及主权维护与人权保护的许多具体问题的背后,都无不包含着国家利益的考量,从而也增加了两者的复杂性。新中国成立以来,主权与人权一直是国际关系中的复杂问题之一。经历百年磨难、百年浴血奋斗才站起来的中国人民,通过灾难深重的切身经历,深刻认识到没有主权,就不可能有人权的道理。新中国坚持维护国家主权,从中国国情

出发改善和发展人权,并坚持根据国际形势的发展,审时度势,有理、有利、有节地参与国际人权事务,以维护国家的核心利益。

(一)“主权”与“人权”规则的建立

所谓的主权(sovereignty),即国家主权,是国家独有的极其重要的属性。一般认为主权是:国家对内高于一切和对外保持独立自主的固有权力,即指国家作为国际法主体固有的自主的独立处理国家的对内与对外事务并排斥外来干涉的权力。主权成为国际法和国际关系中的一个核心概念是由 1648 年的《威斯特伐利亚和约》以及之后的威斯特伐利亚体系确立的,建立了以主权作为“铁墙”严格区分内外管辖范围的绝对主权和不干涉内政原则。主权和不干涉内政原则对后世影响深远,《联合国宪章》中的第 2(7)条也由此演变而来。

1648 年欧洲主要国家在“三十年战争”后签订了《威斯特伐利亚和约》,并承诺遵守其中规定的主权和不干涉内政原则。和约中规定的主要原则为:主权原则和政治自主原则;各国法律上平等原则;不干涉他国内政原则。这些原则确立了传统的“绝对主权原则”并对以后的国际法和国际关系有着重要影响,“相互尊重主权和领土”也成为现代国际法的基本原则之一。主权被普遍认为是近代国际法上构成“国家”要素中最重要的要素。① 历史上主权规则制定的初衷是为国家利益服务。当时欧洲国家之所以签订《威斯特伐利亚和约》、制定主权原则,是痛感几十年战争的“零和游戏”中谁也不是赢家,结束这种状态符合各自的国家利益。然而确立了威斯特伐利亚“绝对主权原则”的欧洲国家,在欧洲资本主义发展需要原料与市场而大肆进行殖民扩张时,因为不能公开否定国家主权原则,又将其解释为只有“文明国家”才享有主权,而其他的“非文明国家”不具有主权。正如亨利·基辛格在《世界秩序》一书中提到“欧洲国家往往不对殖民地及其人民使用主权概念”。②

---

① 参见[英]罗伯特·詹宁斯:《国际法上的领土取得》,孔令杰译,商务印书馆 2021 年版。

② [美]亨利·基辛格:《世界秩序》,胡利平、林华、曹爱菊译,中信出版社 2015 年版,第 XIV 页。

人权的概念和阐释较为复杂。近代以来影响较大的理论是“自然权利”说。斯宾诺莎在《神学政治》中提出“自然权利”概念后,经洛克、孟德斯鸠、卢梭等启蒙运动的思想家不断发展成为体系的人权学说。其基本主张为:人作为一个客观存在物,而客观存在物因“自然”而生,从而具有源于“自然”的与生俱来的权利,这种权利是人因“自然”而固有的。启蒙运动思想家们通过发扬古希腊、古罗马时期就已成为时代精神的“自然”来这样规定人权,为人权加持神圣性。在西学东渐之时,中国的知识精英对西方“自然权利”的准确概念把握不定,最终接受了日本学者加滕弘之的译法,即所谓“天赋人权”。但是在中国传统文化和话语中,“天”具有政治和哲学上的意义,与西方近代的“自然”的含义已相去甚远。启蒙运动思想家的人权学说认为:人虽然具有与生俱来的自然权利,但如果社会在无序的自然状态下,人的生命、自由等权利是没有保障的。于是,根据《社会契约论》,人们通过协商将一部分权利交给国家,国家由此产生。国家及其政府的职能就是支持和保护人们的自然权利。如果政府违反订立契约的这一宗旨,就失去了合法性,人们就有理由反对甚至推翻它。天赋人权的思想后被写入北美独立战争时期的《独立宣言》和法国大革命时期的《人权与公民权利宣言》。

近代欧洲的启蒙运动是资本主义发展和资产阶级崛起的主要象征之一,其锋芒无疑直指欧洲封建主义及其精神支柱——基督宗教,故其强调人权与生俱来,是对神权、君权的彻底颠覆,在当时具有进步意义。但是,当资产阶级取得政权、欧洲资本主义发展到殖民扩张时,为了获取超额利润,在否定“非文明国家”具有主权的同时,同样不顾及这些国家民众的人权。仅奴隶贸易一项,就使非洲黑人减员一亿以上,北美印第安人也在殖民过程中几至灭绝。

然而西方发达国家利用它们经济、军事、文化上的先发优势,在国际社会活动中具有强势的话语权。第二次世界大战以后,随着美国在世界范围内霸权的建立,西方国家的人权话语在国际人权领域居于强势地位。新中国成立后,在这样的国际环境中,通过维护主权和发展人权与西方国家进行了长期的博弈。

(二)新中国成立初期对主权与人权维护的认识和实践

1. 维护主权的坚定立场

在第二次世界大战后的民族独立和民族解放运动浪潮中诞生的新兴国家普遍重视对主权的维护,新中国尤为突出,这当然与自身的文化历史有着密切的关系。学术界普遍认为新中国长期以来的态度和国际行为表明其主要坚持着类似传统“威斯特伐利亚主权观”的“绝对的主权和不干涉原则”。中国对于主权的官方态度很明确,即“相互尊重主权平等、主权独立和不干涉原则是国际关系中的基本原则。如果‘力量就是权利’的观点主导了国际关系,那么战争的危险就会破坏和平。”①新中国的这一立场是一以贯之的。

实际上,中国第一次接触“主权”的概念正是“百年屈辱史”的开始。在欧洲殖民扩张以前,中国是一个对自己的经济、文化和政治等有着优越感的自给自足的封闭国家,在十几个世纪中,中国都在各方面处于世界的领先位置,并在亚洲通过“朝贡”体制建立了一个有着等级制度的“国际社会”,且处于这个体系的顶端。有学者曾评论说:“美国还默默无闻,欧洲也毫不起眼,在一定的国际关系圈中,许多人认为中国无可厚非的是最卓越的。”②

在早期与西方国家的接触中,无论是友好性还是对抗性,中国总是能作为主导者。可是到了近代,中国开始衰落。1840 年的鸦片战争中国战败,带来了严重的后果和影响,不但丧失了之前的“光环”,且开始了长达一个世纪的屈辱史。中国曾经的辉煌与丧失主权、基本人权无法得到保障的屈辱形成了鲜明对比,令人刻骨铭心,而“共同的记忆会成为一个民族身份的一部分”③,这段屈辱史成了中国以及中国人的一部分被铭刻了下来。由这段历史产生的维护主权和独立自主,进而振兴中华、实现中华民族的伟大复兴乃民心之所向,清朝因丧权辱国且于“振兴中华”迟迟不

---

① 唐家璇:《在 1999 年联合国大会上的发言》,载《人民日报》1999 年 9 月 24 日。

② Zhang Y. , *China's Entry into International Society: Beyond the Standard of Civilization*, Review of International Studies,2001 (5):43.

③ Halbwachs M. , *On Collective Memory*, University of Chicago Press 1992, p. 175.

作为而一夕之间成土崩之势。能否维护国家主权，在中国知识精英和广大民众心目中，已成为政府是否具有合法性的标志。这样的民族历史记忆和民族心理，对新中国的政治、外交和治国理政思维等都产生了重大而深远的影响。

中国共产党在领导新民主主义革命中，就把推翻“压在中国人民头上的三座大山”作为新民主主义革命的首要目标，而居“三座大山”之首的就是“帝国主义”，帝国主义严重损害了中国的主权独立和领土完整，而主权的丧失使人权保障无从谈起。中华人民共和国成立之后，维护主权和领土完整成为立国的一项基本原则，中国政府在官方发言中反复强调：对于中国政府和中国人民而言，关于主权和领土的问题是绝对不容商量和妥协的。

除历史传统的影响外，作为新中国主要缔造者的毛泽东同志在主权问题上的观念对新中国的主权观也影响颇大。新中国成立前夕，他明确指出：“中国必须独立，中国必须解放，中国的事情必须由中国人民自己做主，自己处理，不容许任何帝国主义国家有一丝一毫的干涉。”[①]新中国国家主权的至高地位，也影响着这一时期的政治、经济、外交政策。

新中国成立之初，国内百废待兴，而国际上受到美国等西方国家的遏制和排斥，新中国的独立主权受到十分现实的威胁。根据当时的国际态势，毛泽东同志主导下的三大外交政策之一的“一边倒”，即明确提出站在以苏联为首的社会主义阵营一边的战略，不论从意识形态原因还是从现实的国际关系格局出发，都变得顺理成章。其目的首先是巩固新生的中华人民共和国，捍卫主权独立和保障国家安全，进而尽快地改善人民的生存权、发展权。虽然执行的政策是“一边倒”，但毛泽东同志维护国家独立和主权的意识在“一边倒”时也并未弱化，他在作出与苏联结盟决定的同时，仍然对维护国家主权保持高度的警觉，多次强调不能放弃独立自主的原则立场。

在国际活动中，中国坚持把尊重各国主权作为新中国外交的基本原则。1954 年，中国提出了不同社会制度国家“和平共处五项原则”，其内

① 毛泽东：《在新政治协商会议筹备会开幕典礼上的讲话》，1949 年 6 月 15 日。

容为:“互相尊重领土主权;互不侵犯;互不干涉内政;平等互利;和平共处。”中国首倡五项原则的基本精神,实际上是体现了传统威斯特伐利亚体系下的“绝对主权原则”。

20世纪国际共产主义运动中最为重大和影响深远的事件是中苏两国由意识形态的分歧发展到两党和两国关系的严重对立,甚至兵戎相见。从批露的材料来看,意识形态的分歧不致使国家关系恶化到如此地步,而造成中苏关系最终破裂的根本原因是,从苏方建议在中国设置长波电台和中苏两国联合舰队到提出所谓“有限主权论”,其霸权主义的一步步发展,使中方不能不作出反应。为了同时抗衡苏联和美国,维护主权独立,中国积极开展外交活动。20世纪五六十年代,亚非拉民族独立运动空前高涨,越来越多的新兴国家取得独立后选择中立,不结盟运动应时而起并日益壮大,形成毛泽东同志提出的“中间地带”①。他认为这个中间地带将是独立于美苏之外,并能与美苏抗衡的一支强大的新兴国际力量。虽然这一批新独立国家与中国的主权维护并不形成直接的关系,但他们同中国一样具有受帝国主义侵略的历史,对维护独立和国家主权具有同样的迫切性,同样面临没有主权就根本无法实现人权保障的局面。积极联合这支力量组建起的统一战线,有利于维护中国和新兴国家的主权。正是在这样的外交方针下,中国与一大批新兴国家陆续建交。不过此时中苏对峙形势依然十分紧张,苏联在中苏、中蒙边界陈兵,并扬言要对中国核设施进行核打击,对中国的主权和领土安全构成了实实在在的威胁。而美国为了利用中国这支力量牵制苏联,对中国释放出和解信号,而毛泽东同志迅速以“乒乓外交”予以回应。基辛格、尼克松通过“解冻之旅”来到中国,最后双方签署了打破中美隔绝状态的《中美上海公报》。1971年,在广大第三世界国家支持下,中国恢复了在联合国的合法席位,中国作为拥有联合国安理会否决权的常任理事国,其国际地位和维护国家主

① 毛泽东同志在1946年8月6日与美国记者斯特朗谈话中提出了“中间地带”的理论。1963年9月28日的一次谈话中提出了他的“两个中间地带”的看法,认为美苏之外有两个中间地带,第一个是亚、非、拉国家,第二个是欧洲、日本、加拿大和大洋洲国家,他们与美国、苏联有种种矛盾。

权的能力得到增强,在世界格局的变化下,中国来自北方的主权威胁由此得到缓解。

可见,新中国对维护主权的高度重视并作为基本国策有着充分的原因。前文所述从20世纪50年代到70年代外交方针的几次大幅度的调整,出发点始终是维护主权独立和领土完整的国家最核心利益。也正是因为长期坚定不移地坚持主权至上的原则,新中国才在严峻的国际形势下得以巩固和逐渐发展起来。因此,这一时期新中国是坚持着《威斯特伐利亚和约》后形成的“绝对主权原则”,并把包括国民生存状况等被国际社会作为“人权”相关的问题均视为“主权”范畴的事务,也体现了当时特定的国际环境和处境。这一时期,中国往往援引《联合国宪章》的第2(7)条来驳斥国际上以包括“人权”在内的理由对中国内政的评论和指责,并在国际参与中坚决倡导和支持主权以及不干涉原则。

2. 人权保护的认识与实践

虽然西学东渐时中国的精英已经将西方的人权理论翻译并介绍到中国,但在对于从未经历过启蒙运动的中国社会,“自然权利”“社会契约”这一类从欧洲启蒙运动的社会环境中产生的张扬个人本位的“自由权利”的思想理论完全不适合当时的半封建、半殖民地的中国社会。晚清政府、北洋军阀政府和国民政府,基本上是沿袭中国历代统治者“为民作主”的观念。至于“自然权利”“社会契约”等概念的接受更无从谈起。除极少数受过一定西方教育的知识精英外,广大民众不可能了解也更无法理解西方的人权理论,这就是当时中国的现实。新中国的宗旨是“人民当家作主”,按当时的思维方式,“当家作主”自然就意味着人们拥有了“政治权利”。新中国成立后不间断地开展一系列社会变革政治运动和采取一系列恢复和发展经济的措施,不仅上上下下都认为这是,而且在事实上确实也是在解决事关人民群众生存权、发展权的全局性重大问题。启蒙运动后的欧洲产生的现代人权中的公民权利和政治权利的诉求,要求通过约束政府权力,保障个人权利的意识产生的来龙去脉,与中国古代抑制个人权利的文化传统,特别是与中华民族前仆后继的百年救亡图存斗争锤炼而成的集体力量、集体记忆、集体意识以及新中国成立后面临的帝国主义四面围堵和颠覆、侵略需要凝聚全民族力量努力应对的现实威胁风马牛不相及。新中国需要高度集中统一去维护独立与主权、在解决国计民生(体现为人民群众生存权、发展权的保障与不断改善)等的政治氛围中去谈约束政府权力,保障个人“公民权利”“政治权利”自然是不实际的。正是这种“作为中国传统文化底色的族群共同体维度,历经战火淬炼、现实洗礼,构成了对西来的基于个人主义的一切事物的坚不可摧的抵抗力量。”①

但是诞生于20世纪中叶的新中国,必然要走现代国家发展的道路,在法制建设中也需要借鉴和吸纳相当于国际通例的内容,不能完全与国际社会脱节。在第二次世界大战后诸多国家宪法、特别是在苏联宪法的影响下,1954年产生了第一部《宪法》。中国宪法的权利赋予了部分包括《世界人权宣言》中的权利,之后三部修改后的宪法也囊括了作为现代人权中重要内容的社会文化经济权利以及公民政治权利。从中国国内来说,现代人权的概念还不明晰,虽然1954年颁布了赋予公民权利的宪法,但首先公民权利和人权有区别,人权是所有人不可剥夺的权利。宪法中虽然包括了大部分《世界人权宣言》里的权利,但是《世界人权宣言》和《公民权利和政治权利国际公约》中规定的部分权利例如迁徙权、工作权、无罪推定等权利没有出现在中国宪法中。由于宪法与一般法律不同,它是国家规定各项原则的根本大法,无法适用于具体案例,法院和个人均不可能依据宪法裁判具体案件,因而这些权利虽有规定,但因无法直接适用而不一定能够得到实施。

然而,20世纪50年代以来,当中国在国内致力于解决生存权和发展权问题、在国际上努力维护主权与独立时,国际人权事业也在发展之中。第二次世界大战中对人权和生命的践踏使战后各国开始对人权及其意义进行反思,国际人权立法在联合国的推动下迅速发展起来。国际人权监督、保护和法律的制定主要依赖联合国。联合国作为会员国最多、最有影响力的国际政府组织,在其宪法性质的《联合国宪章》中明确提出了会员

---

① 齐延平:《论回归生活世界的人权文化》,载《人权法学》2022年第2期。

国在人权上的义务。《联合国宪章》序言开宗明义“重申基本人权、人权尊严与价值,以及男女与大小各国平等权利之信念”,并“促成大自由中之社会进步及较善之民生”。第 1 条规定联合国的宗旨之一是“促成国际合作,以解决国际间属于经济、社会、文化及人类福利性质之国际问题,且不分种族、性别、语言或宗教,增进并激励对于全体人类之人权及基本自由之尊重”,而后的第 13 条、第 55 条和第 56 条等一共 7 处提到了人权。经济社会理事会基于第 68 条设立了人权委员会,同时联合国大会亦有权对其中的人权条款进行诠释,其于 1948 年通过的《世界人权宣言》被认为是对《联合国宪章》中人权的权威释义。虽然《联合国宪章》一方面明确把保护人权作为其宗旨和目的之一,但是另一方面其第 2 条又对联合国的权力做出了限制:“本宪章不得认为授权联合国干涉在本质上属于任何国家国内管辖之事件”,使人权条款的解释出现分歧和争论。

在 20 世纪 70 年代之前,由于联合国在人权保护上受到“冷战”的影响,使主权和不干涉内政原则居于首位,而人权被认为属于内政范围。联合国大会从 1950 年到 20 世纪 70 年代中期涉及的人权问题主要是反殖民化的,只有南非和以色列是例外,[①]而这两个案例并不能说明国家负有国际法上的人权义务,因为两例情况均被视为威胁到国际安全和和平,因而属于联合国职权范围内事务。《联合国宪章》中的人权条款和其衍生的《世界人权宣言》作为独立的存在,尚不能突破第 2(7)条的“不干涉内政”原则。另外,当时的人权委员会作为联合国主要负责人权事务的机构,在 1967 年前主要都致力于“立法”,即为大会起草宣言以及公约,最显著的成果有《世界人权宣言》、《公民权利和政治权利国际公约》和《经济、社会及文化权利国际公约》。人权委员会明确否定了其有权对收到的针对一国的申诉采取任何行动。[②] 直到 1967 年以南非种族隔离作为缘由而产生了“1235 程序”,以处理严重且大面积的侵犯人权事件。总而言之,这个时期以联合国为标志的国际人权保护仍然处于发展阶段。

---

① 联合国大会第 1598(XV)决议,以及第 2443(XXIII)决议。

② UN ECOSOCO, Resolution E/RES/75(V), *Economic and Social Council Resolution on Communication Concerning Human Rights*, 5 August 1947, 5/7/47, d.

中华人民共和国在相当长的时期中因“代表权”问题置身于联合国体系之外,与国际人权领域基本无交集。虽然这一时期的中国在联合国人权体系之外,不过并不是完全没有参与人权话题。1955 年中国参与并签署的《亚非会议最后公报》宣布亚非会议完全支持《联合国宪章》中所提出的人权的基本原则,并将“尊重基本人权、尊重《联合国宪章》的宗旨和原则”作为其提出的和平共处十项原则的第 1 条,明确表明了其对民族自决权的支持,还强调“自决是充分享受一切基本人权的先决条件”“人民遭受外国的征服、统治和剥削是对基本人权的否定”,把人权与反殖民反侵略联系到一起。该公报同时提出“对于种族隔离和歧视的政策和实践感到遗憾。这种行为不仅是对人权的粗暴的侵犯,而且是对文明的基本价值和人类尊严的否定”。① 显而易见,中国表态支持的是民族自决、反对种族歧视、种族隔离等集体人权。集体人权不但成为反对殖民主义的武器,同时可以用于支持社会主义革命和反对西方干涉的斗争中,因而中国在屡次抗议西方国家干涉别国主权和镇压社会主义运动时,除诉求于主权和不干涉原则外,还提出了尊重基本人权。②

这一时期中国对人权的认知和态度除内部因素的影响外,主要是因为国际政治因素的影响,中国基本上并未真正参与到国际人权事务之中。而中国在国内正面提出发展人权事业,则是在改革开放、中国广泛参与联合国人权体系之后。

(三)改革开放初期中国主权观与人权观的适时调整

1. 中国人权观的发展与逐渐融入国际人权保护体系

改革开放的前十年是中国主权观和人权观发展中的重要转折时期。中国从改革开放以后,积极参与国际事务,同时比较活跃地参与到联合国人权机构和国际人权事务中。由于第二次世界大战后的国际人权规范秩序主要在西方国家的主导下建立,中国等发展中国家在之后的国际参与

---

① 《亚非拉会议最后公报》,第丙(二)条。

② 例如 1950 年美国在日本对日本共产党的镇压,被中国抗议为侵犯“基本人权”和“言论自由权”;1958 年,中国政府抗议泰国当局侵犯海外华人的“正当权利”等。See Andrew J. Nathan, *Human Rights in Chinese Foreign Policy*, (1994) 139 The China Quarterly 622.

中,只能处于规则接受者的位置,[①]但规则又与中国长期坚持的主权观与人权观存在固有的矛盾。因为中国现代化的利益需要广泛的国际合作,中国政府审时度势,在坚守主权原则的前提下,开始有限地参与国际人权事务,逐步摸索在坚持维护主权与适应国际人权活动规则之间寻求平衡点,为加速推进现代化进程创造良好的外部条件。

1971 年,中国恢复了在联合国的席位,参与了部分联合国下属组织和其他国际组织的工作。到 1979 年,中国与一百多个国家先后建立了外交关系,开创了外交史上前所未有的新局面。

恢复联合国席位的第七年,在以邓小平同志为主要代表的新的中央领导集体的推动下,中国开始了革命性的改革。党的十一届三中全会确立了改革开放的全新理念。改革开放的路线开始改变中国对国际组织和国际参与的态度,使中国积极融入国际组织的活动中。这一态度的转变很大程度上归因于中国认识到在现代化进程中国际参与和国际合作的不可避免性,转而将过去“改变世界,改变国际组织”的诉求转变为“探索世界,利用国际组织”。[②] 更重要的是,在改革开放之际,外交上最重要的目的之一即是保持创造一个和平有利的国际环境,以便于国内的经济建设和实现“四个现代化”的目标。基于这样的认识,中国开始迅速拓展国际舞台,在 1980 年加入了国际货币基金组织和世界银行,1986 年加入了亚洲开发银行,在其他领域内中国亦改变了之前不参与除教育、文化和科技领域外的组织和活动的惯例,从 20 世纪 80 年代开始逐渐加入到“多边军备控制”的体系中。[③] 中国在联合国的活动也大幅度增加,且开始积极参与到联合国的维和任务中。可以说这一时期中国全面、积极开展了包括联合国事务在内的对外交往和国际参与。

人权领域也出现了同样的趋势,中国开始逐渐参与到联合国的人权

---

① See Ann Kent, *China, The United Nations and Human Rights, the Limits of Compliance*, University of Pennsylvania Press 1999.

② Samuel S. Kim, *China's International Organizational Behaviour*, in Thomas W. Robinson ed., Chinese Foreign Policy: Theory and Practice, Clarendon Press 1995, p. 401, 431.

③ 例如中国从 20 世纪 80 年代开始参加控制武力的国际会议,20 世纪 90 年代加入《不扩散核武器条约》以及《全面禁止核试验条约》等。

体系中。从1979年开始连续三年(1979年、1980年、1981年)中国都作为观察员参加了人权委员会的会议,1981年终于在经济社会理事会投票中成为人权委员会正式会员国,并于1982年派出代表团正式参与委员会事务。1984年中国又加入了防止歧视和保护少数小组委员会(在1999年改名为促进和保护人权小组委员会)专家组。在联合国大会上,以往一直以缺席的方式不参与任何有关公民、政治权利的投票和决议,而在1981年就智利、萨尔瓦多和危地马拉的决议中,中国投了弃权票,更于1985年的大会上投票支持调查智利人权状况的决议。虽然在1981年和1985年的大部分投票中弃权,但相较之前完全不参与的情况,足以说明中国开始不再忽视联合国的人权保护以及集体权利以外的人权。1984年在人权委员会中,中国投票支持设立了“阿富汗情况特别报告员”,而苏联则以“不干涉一国内政”为由反对此举。1985年中国又投票支持了联合国大会关于“经济文化权利和公民政治权利的不可分割性”决议,虽然其主要意图在于不满西方对于公民政治权利的特别重视而忽视“经济文化权利”的重要性,但是与此同时也意味着默认了公民政治权利的存在以及合法性。此外,中国还加入了世界劳工组织以及参与了国际红十字会等跟人权保护有关的组织或活动。

除开始积极参与联合国和国际组织的人权活动外,另外一个重大的改变是中国对于《经济、社会及文化权利国际公约》和《公民权利和政治权利国际公约》态度的变化。20世纪80年代前中国只承认《联合国宪章》中人权条款的合法性和权威性,对于《世界人权宣言》和两个公约持忽视和不予评论的态度。而在1986年联合国大会第四十一届会议和1988年第四十三届会议上,当时的中国外交部部长表示“两个公约”在实现宪章的人权条款上发挥了积极作用,中国政府一贯支持这些目标和原则。两个公约和《世界人权宣言》被称为国际人权法宪章,作为《世界人权宣言》的具体化的两个公约是现代国际人权法的奠基石,对两个公约的公开支持再次表明中国已放弃以前只承认集体权利而忽视其他权利的立场,预示着开始理解和接受国际人权法的基本原则。

从1980年到1989年,中国签署和加入了7个人权公约,并参与起草了其中的《禁止酷刑和其他残忍、不人道或有辱人格待遇或处罚公约》,同时参与制定了《保护民族、宗教和语言少数民族权利宣言》、1986年联合国大会发布的《发展权宣言》,以及起草《儿童权利公约》和《保护移民工人权利公约》。[①] 改革开放后中国开始积极融入国际社会,参与国际组织,以务实的态度去追求国际交往和参与中的利益,以及创造维持一个和平、稳定和有利的国际环境以服务于国内的建设。人权领域参与的增长变化无论是出于什么原因,都与这一个大前提密不可分。由于国际参与的深化导致中国不得不面对国际人权保护和联合国人权体系的存在,如果中国想要成为国际社会中受到应有尊重和重视的一员,但又无法去改变已建立的规则和秩序(尽管这些规则是由西方国家主导建立),只能至少最低限度地按照会员的基本条件去适应这些规则。这样一来必然出现的结果是,中国逐渐深入到联合国人权体系中,从而越发容易受到国际社会的关注、审视和评估。于是一个不可避免的问题产生了,西方某些势力利用自己的强势话语权,按照自己的政治需要去解释“人权”,并以此作为干涉他国主权的工具,这势必涉及中国。国际态势十分明显,20世纪80年代中国一贯坚持的“主权和不干涉原则”,受到了当时由西方主导的国际人权规则的严重挑战。

2. 对中国人权观发展的审视和再思考

1978~1989年这段时期,即便中国仅被认为是接受初步的国际影响,但中国的主权观和主权在人权领域不可否认地受到了影响并有所改变。随着改革开放产生的一系列连锁效应,人权观与主权观均有转变与发展。中国的主权观曾经坚持认为,主权纯粹是“对内管辖权力”的体现,此后逐渐转变为意识到“国际参与”也是主权重要的体现之一,这样的参与也包括了人权领域。同时,随着中国在国际人权领域融入的加深,无论是主动或者被动的参与,最终的结果都使原来长期被认为的主权与人权的清晰可分的界限逐渐变得不是那么清晰了。之前被认为纯粹内政

① 中华人民共和国外交部、外交史编辑室:《中国外交概览》,世界知识出版社1989年版,第461页。

的事务,已不可避免地被国际社会所关注和品评。不过,虽然中国正被缓慢纳入国际人权体系,且根据“条约必须遵守”(pacta sunt servanda)的基本国际法原则,中国在加入人权公约后也承担起相应的义务,但中国并没有放弃对“主权原则”和“不干涉内政”的坚持,这些考虑不可避免地影响到中国对国际人权事务的态度以及对国际人权体系的参与程度。中国开始承认以国际人权宪章为代表的核心人权原则,即人权不但是反殖民、反歧视的集体权利,也包括了经济社会文化权利以及公民政治权利,这是作为基础的概念上的重要拓展。同时,中国开始参与和适应以联合国为主的人权机构和活动,逐渐适应和遵守这些平台中的程序和规则,且表示出融入“主流意见”甚至支持部分涉及国家主权的人权保护行为。这期间中国先后加入了7个人权公约,表明其开始愿意接受国际社会的审视,以及出于公约义务接受国际组织的评估和意见。

“人权”包含了很多矛盾,对内而言它的目的是制约和平衡政府的权力,而保障者却是政府;对外而言,通过国际人权保护来弥补和督促国内人权保护,而这势必会影响到主权。那么国际人权法的原则是如何在与主权的矛盾中得到遵守的呢?在回答这个问题之前,还有一个问题需要我们思考。与国内法不同,没有强制执行机构和机制的国际法是怎样得以维持的呢?学术界的主流意见可以归纳为,国际准则主要通过两种方式得以遵守。第一,现实主义理论认为政府们(国家们)遵守国际法是因为他们惧怕他国或者国际社会的报复或者惩罚;同时他们为了追求利益或者为了克服只有多边合作才能解决的困难而遵守国际法。总而言之,国家为了自身的物质利益而遵守国际准则,甚至有时候做出必要的牺牲(比如主权上的)。[①] 第二,准则构建主义理论认为现实中的情况要复杂得多,国际法并不只是建立在纯物质基础上的,准则有着它们特殊的力量。[②] 根据准则构建主义理论,物质的利益是变化的,而准则的形成不只

---

① See Stephen D. Krasner, *Sovereignty: Organized Hypocrisy*, Princeton University Press 1999.

② See Thomas Risse, Stephen C., *The Power of Human Rights: International Norms and Domestic Change*, Cambridge University Press 1999.

代表物质利益,其中包含了共知、共识以及最终身份上的自我识别和认同。因此西方自诩为“自由民主”的国家,作为“维护自由民主阵营的一员”,出于对自身的识别和定义,会做出与自身主张所一致的行为,比如在外交政策中加入人权的考虑。在“冷战”的格局下,国际人权法与普通国际法不同,是一个缺少利益互惠和潜在报复的领域,国际人权法的遵守主要靠“名誉”来约束,而一国的名誉和形象直接或间接与许多物质和非物质利益挂钩。另外,从一个长期的过程来看,一国在国际场合的言辞、辩论和参与会最终使其深陷其中而不得不对多数国家的态度作出让步或顺从。一国为了与国际社会大部分成员的价值观保持一致而“支持”这些价值和准则,即使只是言辞上的,也最终巩固了这些价值。在充分建立起“价值”的国际社会,任何想要成为这个社会一员的国家都必须满足根据这些“价值”设立的基本“门槛”。在国际关系中,现实主义和构建主义的作用同时存在,它们合并在一起发挥作用。而西方发达国家也会通过这两种方式以经济、军事和话语霸权发挥有形或无形的影响。中国面临这样的国际舆论环境,在尚无改变或抗衡它的能力前,需要在维护主权和适应国际舆论中寻找一个平衡点,这样才最符合自身的根本利益。这一时期中国政府一直进行着努力探索,审时度势对主权观和人权观不断进行适时调整,在如何妥善应对方面,展示中国政府的智慧。

(四)20 世纪末中国主权观和人权观的发展与成熟

1. 人权相对性与亚洲价值观

20 世纪八九十年代,东欧剧变、苏联解体,世界格局发生前所未有的剧变。在人权领域内,中国承受着国际环境的重大压力,认识到必须主动出击,把主动权掌握到自己手里。中国在国际舆论和干预面前除强调主权和不干涉内政原则外,还从另外两方面主动进行了抗争和反击。一方面,“冷战”后以美国为首的西方国家受到的制衡力量大大削弱,使不少亚洲国家感到不安,西方国家在经济援助或贷款时常常又附带人权等其他条件,这更引起了诸多不满。中国利用这股“反感西方情绪”,和马来西亚、越南、印度尼西亚与新加坡等国组建起“亚洲联盟”,在人权领域对抗西方国家和非政府组织。由于中国的经济在邓小平同志南方谈话后开始持续稳定增长,国际货币基金组织在1993年宣布中国的经济比预计的高出四倍,从平价法衡量已仅次于美国和日本。面对中国经济的飞跃和中国在世界经济中日益重要的位置,多数国家都无法再维持对中国“经济制裁”的政策,美国、法国、德国等陆续恢复与中国的贸易关系。此外,中国作为安理会常任理事国之一,西方国家意识到在中国拒绝合作的情况下,联合国部分机构的运行必然受到影响,从而不利于维护自身的利益。特别是海湾战争之际,中国在体制内的“王牌”(否决权)使想要启动联合国机制的美国等不得不做出妥协。另一方面,20世纪90年代的中国,在主权和不干涉内政原则上找到了新的立足点——“人权的相对性”。从这个时期开始,中国强调的主权原则不再是单纯地坚持“绝对主权”和“人权纯属内政”,而是将主权和人权的相对性结合一致,作为一个整体来发挥作用。然而,在人权的概念和解释上,却是存在争论的空间的,长期主导话语霸权地位的西方发达国家的人权观,实际上并不具有普遍价值。苏联解体“冷战”结束后,美国克林顿政府出台了“推广民主”政策,这使诸多亚洲国家指责美国把西方价值观强加于亚洲和世界其他地区,加之发达国家常常把人权和民主附加于援助条件中,引起了广大亚洲国家的反对。1991年联合国发布了联合国开发计划,针对其中的“自由民主”条款,中国和亚洲国家们进行了谴责和抗议。中国代表要求联合国开发计划充分考虑会员国巨大的发展差异、文化传统和社会情况,而不是强加少数人的价值于其他人,这一立场得到了其他东亚国家的支持。在之后的曼谷会议和维也纳会议中,中国积极阐释“文化相对主义”和“权利相对主义”的观点,和其他亚洲国家一起倡导“亚洲价值观”来对抗西方压力。在曼谷会议上,中国认为人权的概念具有历史和文化相对性,并强调了发展中国家对于人权的理解和优先考虑。维也纳会议前夕,中国驻联合国代表公开表示希望维也纳会议“注意到世界上多数发展中国家的情况”,一方面强调人权保护的重点应该针对种族歧视、殖民主义、外来侵略,而国家的主权独立、内政不受干涉原则应该得到尊重;另一方面强调各种权利的实现是相对以及渐进式的,是在“各国的文化、历史和社会状态框架内”的,把少数国家的政治、经济和人权价值模式强加于其他国家的行为必须坚决反对。[①] 在维也纳会议上，时任中国外交部副部长刘华秋反复强调了主权、不干涉内政原则以及权利的相对性，并把这些立场扩大到亚洲以及发展中国家的价值观上。虽然两个会议的结果并没有预想的顺利，但是中国找到了可以发展和联合的“亚洲价值观”，把文化相对主义和主权原则捆绑在一起，用文化观点服务于主权原则，“尊重不同的文化和价值，不强加西方价值于亚洲”实际上是从文化层面强调“不干涉主权和内政”，用人权的相对主义观点作为不应该干涉一国内政的理由。

2. 维护主权前提下的主权观的变化与成熟

20 世纪 90 年代初期的联合国人权委员会成了国际社会关注中国的主要渠道。中国经济和政治力量的增长使大部分国家恢复与中国的双边关系，同时因为单边的干预有受到“报复”的可能性，而多边的平台不但更具合法性且不易受到压力。此时的人权委员会在组成上有了变化，苏联解体、东欧剧变，曾经的社会主义国家实行了西方的“民主”模式，使美国和欧洲的“力量”大增。此时为数众多的第三世界国家，他们与中国除历史上的友好传统外，还具有不少共同的感受和相同的利益，是中国的支持者和同盟者。从 20 世纪 90 年代初开始，人权委员会中就一直持续着“斗争局面”。1993 年的会议上丹麦、日本等各提出了一项“针对由提交到人权委员的报告中描述的严重侵犯人权问题表示深切忧虑的决议”，其中涉及中国时，中国代表一方面指出中国在改善民生和民权方面的重大进步，另一方面谴责西方国家试图利用人权问题阻碍中国的发展和富强。新华社在关于这次会议的报告中说：“世界是多样化的，各国有着不同的社会、文化、历史背景以及发展状况，因此人权的理解和概念也是不尽相同的。”[②]人权委员会从 1980 年开始引入了特别报告员和特别程序机制，这一重要机制在人权委员会被人权理事会替代后，仍然保留了下来。特别报告员或小组作为独立的专家，根据不同的授权任务向委员会提出报告。他们的报告中通常包括了针对任务的意见、结论等，并逐渐形成就任

---

① 《联合国大会第 47 届会议上的发言》，载《北京评论》1992 年 12 月 1 日。

② 新华社 1993 年 3 月 12 日。

务内容向政府提出意见和建议的惯例，而这种行为在事实上也得到了各国政府的默认。1994年中国和马来西亚、印度等几个国家针对一项增加“酷刑特别报告员”权利的决议提出了反对，酷刑特别报告员提出联合国人权中心可以向政府就他们的人权状态做出建议和技术支持。[①] 中国代表团认为此举无视国家主权，而“此类服务应该只有在主权国家明确要求时才能提供”。[②] 同年中国提出改革特别报告员制度，认为现存的特别报告员数量过多，存在重复、累赘的问题，而授权的多数是关于公民政治权利的任务，而关于经济社会文化权利的任务明显不足等。

3. 坚持走中国特色的人权保障之路

纵观新中国成立到世纪交替之际，中国和欧美在国际人权事务长期博弈的曲折历程，透过单边和多边博弈每一个回合的表象，可以十分明显地看到，造成这种对立的根本原因在于中国和西方国家固有的两大差别：一是政治体制和制度的差别和对立。各国在国际人权事务中的态度和行为，是国家行为的重要组成部分，受国家利益和国家总体战略的影响。西方国家和新中国政治体制和制度上的根本差别和若干重大问题上的政治立场的对立，体现在国际人权领域即是中国和西方长期博弈的格局。西方国家凭借自身在国际人权既定秩序中的主导地位和话语权，对中国和其他发展中国家长期持居高临下的审视、批判的态势，直到20世纪90年代末随着中国综合国力和国际影响力的快速提升才暂时有所缓和。另外，新中国自身的发展和国际参与的需要，使中国有必要、也有可能调整自己的主权观与人权观，直至世纪之交中国感到条件成熟，于是签订了《公民权利和政治权利国际公约》《经济、社会及文化权利国际公约》。二是中、西方文化的差异。西方自启蒙运动以来，具有极为强烈的个人本位的“自由权利”人权思想及其建立在此思想基础之上的人权法制，已历时二三百年，在西方社会已成根深蒂固之势，故从西方土壤中生长出来的

① Rosemary Foot, *Rights Beyond Borders: The Global Community and the Struggle over Human Rights in China*, Oxford University Press 2000, p. 178 – 179.

② UNCHR, *Summary Record of the 42rd Meeting*, (25 February 1994) UN Doc E/CN. 4/1994/SR. p. 42.

“现代人权理念”自然具有强烈的重视个人“自由权利”的倾向。而中国自先秦以来主导社会的从来就是具有强烈的集体主义倾向的“以民为本”的民本主义,重视的是群体的利益和愿望,对单个人的个人诉求是放置其后。个人权利和集体权利都是现代人权中相互依存、不可分割的权利,然而侧重不同的人权观传统决定了中国在参与由西方主导的国际人权体系和事务中,不可避免地会呈现对抗和相互妥协交替出现的曲折发展现象。正因如此,中国签署了两个公约、以一个“负责任大国”的姿态参与国际人权事务之后,虽然不再坚持威斯特伐利亚绝对主权观,但却并不接受以西方模式发展人权事业,而是根据自己的人权观和实践,以“人民的幸福生活是最大的人权”为目标,一步一步不间断地在夯实人民生存权、发展权这个基本人权的基础上,全面提高人权保障水平。

中国对国际事务的积极参与已不可避免地被卷入国际人权体系之中,进而导致了中国在主权的坚守与国际人权既定规则之间存在矛盾,这种矛盾体现出随着国际形势的变化而不断变化,时而缓和,时而尖锐的现象。到了20世纪末,中国不仅继续坚持走具有本国特色的人权发展道路,在国际人权事务的博弈中也改变了长期被动防御的态势,积极争取主动权和话语权。

三、改革开放与我国人权事业的发展

党的十一届三中全会的胜利召开标志着改革开放和社会主义现代化建设新时期的到来。

(一)“发展才是硬道理”理念的确立

邓小平同志坚持站在“实事求是”的马克思主义立场上去认识和处理问题。他提出:“十一届三中全会以后,我们探索了中国怎么搞社会主义。归根到底,就是要发展生产力,逐步发展中国的经济。”①“我们多年奋斗就是为了共产主义,我们的理想信念就是要搞共产主义……要实现共产主义,一定要完成社会主义阶段的任务。社会主义的任务很多,但根

① 《邓小平文选》(第3卷),人民出版社1993年版,第117页。

本一条就是发展生产力,在发展生产力的基础上体现优于资本主义,为实现共产主义创造物质基础。”[①]“我们拨乱反正,就是要在坚持四项基本原则的基础上发展生产力。为了发展生产力,必须对我国的经济体制进行改革,实行对外开放的政策。”[②]“坚持社会主义,首先要摆脱贫穷落后状态,大大发展生产力”[③],“要摆脱贫穷,就要找出一条比较快的发展道路。贫穷不是社会主义,发展太慢也不是社会主义”。[④] 邓小平同志在经济发展、政治发展、军事发展、科技发展、教育文化事业的发展等方面都作了大量论述,直到1992年发表重要的南方谈话,提出以“是否有利于发展社会主义社会的生产力,是否有利于增强社会主义国家的综合国力,是否有利于提高人民的生活水平”[⑤]作为判断标准,有力地推动全党和全国人民在思想上牢固树立“发展才是硬道理”、以实干兴邦的理念,中国特色社会主义各项事业的发展驶入快车道,中国的人权事业得到全面、迅速的发展。

(二)人权事业在改革开放中迅速发展

1. 对人权的正面理论认识

改革开放是中国共产党在深刻总结我国社会主义建设正反两个方面的经验、认清世界发展潮流的基础上,带领中国人民进行的新的伟大革命。中国共产党坚持以经济建设为中心,解放思想,在农村和城市实行了“联产承包责任制”、兴办经济特区等一系列的重大改革,调动了广大人民群众的积极性,极大地解放了社会生产力,人民群众生存权、发展权这个首要基本人权,在经济体制改革和对外开放中很快得到改善,国民经济驶入迅速发展的快车道,从理论上正面认识人权问题水到渠成。

启蒙运动以来形成的西方人权理论,植根于西方历史文化和资本主义土壤,为“市民”阶级即资产阶级量身定制,并由西方发达国家推向世

① 《邓小平文选》(第3卷),人民出版社1993年版,第137页。
② 《邓小平文选》(第3卷),人民出版社1993年版,第138页。
③ 《邓小平文选》(第3卷),人民出版社1993年版,第224页。
④ 《邓小平文选》(第3卷),人民出版社1993年版,第255页。
⑤ 《邓小平文选》(第3卷),人民出版社1993年版,第372页。

界,长期主导了国际话语权,为西方发达国家的国家利益服务。因此不论从历史文化差异或是从意识形态对立来认识,刚成立的新中国将西方社会以个人本位的“自由权利”为核心、要求“约束政府权力”以“保障个人权利”的“人权”视为资产阶级的东西都是完全可以理解的。虽然中国共产党早年的革命斗争基本上是基于“以民为本”精神、围绕保障民众生存权、发展权而开展,新中国成立后更是在此基础上不断拓宽人权保障的范畴,努力促进人权事业的全面发展,但我们并没有采用西方话语将其定性为“人权保障”的实践。

改革开放大潮不断将人们的思想解放推向更高的境界,通过解放思想人们认识到“社会主义和市场经济之间不存在根本矛盾”。[①] 人权也是如此,从马克思主义理论角度看,人权是社会一定生产方式的产物,随着生产方式的变化,由生产方式规定的人与人的关系也会随之发生变化,人权的具体内容也要发生相应变化,社会主义制度条件下也存在社会主义属性的人权和人权发展问题。

随着中国改革开放和经济发展的步伐不断加快和国际国内形势的变化,为“人权”正名的历史条件已经成熟。1991 年 11 月,国务院新闻办公室发布了我国第一个《中国的人权状况》白皮书,明确指出生存权与发展权是中国人民首要的人权。这不仅标志着人权禁区被正式突破,同时也昭示中国并不认可西方设定的人权标准具有普遍性意义。第二年邓小平同志著名的南方谈话发表,其中关于“姓资姓社”问题的论述,从思想上解除了正面研究人权的最后禁忌。1997 年,党的十五大明确提出,“保证人民依法享有广泛的权利和自由,尊重和保障人权”。2002 年,“尊重和保障人权”作为社会主义政治文明的重要目标写入党的十六大报告。[②] 2004 年 3 月,第十届全国人民代表大会第二次会议上将“尊重和保障人权”写入宪法,完成了具有重大历史意义的“人权入宪”。

---

① 《邓小平文选》(第 3 卷),人民出版社 1993 年版,第 148 页。

② 国务院新闻办公室:《〈为人民谋幸福:新中国人权事业发展 70 年〉白皮书》,2019 年 9 月 22 日。

2. 人权事业的迅速发展

在改革开放中，中国共产党坚定不移地坚持“发展才是硬道理”的理念，把发展作为执政兴国的第一要务。广泛深入开展的经济改革和不断扩大的对外开放使中国经济迸发出极大的活力，中国在不断提升生存权和发展权这一首要基本人权的保障水平的同时，努力推动社会主义人权事业的全面发展。早在 1982 年第五届全国人民代表大会第五次会议通过的现行宪法中，“明确规定了中国社会主义民主的主要内容和基本形态，全面系统规定了全体人民享有广泛的公民权利、政治权利和经济、社会、文化权利”，此后，“全国人大又五次通过宪法修正案，从基本经济制度、分配制度、保护公民私有财产、建立健全社会保障制度等方面，不断加强对人权的保护”。[①]

这些推进中国特色社会主义人权事业全面发展的法律迅速落实到国家发展战略和规划中，中国政府从 2009 年开始制定和发布“国家人权行动计划”，具体落实“国家尊重和保障人权”的宪法原则，确定尊重和保障人权的阶段性目标和任务，还制订了“经济、文化、社会和环境等方面的专项行动计划，以及保障少数民族、妇女、儿童、老年人、残疾人等特定群体权利的专项计划”。[②] 中国特色的人权保障制度体系也在形成和不断完善之中，“国家建立了最低生活保障制度、最低工资保障制度、劳动保障监察制度和劳动人事争议处理制度、就业救助制度、中小学义务教育制度等”。[③]

党和政府还采取了一系列措施，如发展全过程人民民主、不断完善民主选举、加强民主决策、民主管理、民主监督、废止劳动教养制度、完善对违法犯罪行为的惩治和矫正法律、健全错案防止、纠正、责任追究机制、逐步减少适用死刑罪名等，且按阶段发布“实施评估报告”，努力保障各项人权保护措施切实落到实处，不断推动中国人权保护在具有中国特色社会主义道路上向更高层次发展。

---

① 国务院新闻办公室：《〈为人民谋幸福：新中国人权事业发展 70 年〉白皮书》，2019 年 9 月 22 日。

② 国务院新闻办公室：《〈为人民谋幸福：新中国人权事业发展 70 年〉白皮书》，2019 年 9 月 22 日。

③ 国务院新闻办公室：《〈为人民谋幸福：新中国人权事业发展 70 年〉白皮书》，2019 年 9 月 22 日。

第六章 “以民为本”思想历史性变革的完成与新时代中国特色社会主义人权事业发展的全面提速

一、“立法为民”与“以民为本”思想历史性变革的完成

中国古代社会发展进入“国家”阶段后,初民社会中形成的以民众为社会生活主体的、一切“从民之所欲”的“以民为本”的习惯法传统精神,随着阶级社会的发展而逐步式微,从统治者必须自觉遵守的治理之“道”,嬗变为“把冲突保持在‘秩序’的范围以内”的治理之“术”。国家“立法设刑”的目的是“治民”,统治者是治国理政的主体,民众是被治理的对象,法律则是“治民”的工具。这种形成定式的传统思维从中国古代到近代一直延续了几千年。直到以“解放全人类”和“为人民服务”作为奋斗目标和根本宗旨的中国共产党成立后,在共产党掌握的局部地区内,这种状况才开始发生变化。新中国成立后,社会主义的国家制度保障了人民的“国家主人”地位在政治生活中得到越来越广泛的体现。党的十八大以来,随着我国社

会主义法治建设经验的不断积累和社会主义法治理论研究的不断深化，全面推进依法治国的条件已经成熟。党的十八届四中全会审议并通过《中共中央关于全面推进依法治国若干重大问题的决定》，提出了与中华传统文化具有本质上不同的“以民为本”的理念，将“立法为民”确立为全面依法治国的根本性原则，从而完成了立法目的历史性大变革，同时也为确保人民享有真正的、最广泛人权的“以民为本”思想的确立并切实实现法律转化奠定了坚实的制度基础。

（一）阶级社会“立法设刑”的目的

众所周知，先秦社会发展中先有“罪”的概念，继而才有惩罚曰“刑”，之后才有刑法。[①] 刑法是继氏族部落时期“习惯法”之后我国最早的法律，此后随着社会发展才产生日益复杂的法律体系。由于司法是国家的重要职能，论及中华大地上早期国家“立法设刑”的目的，恩格斯在《家庭、私有制和国家的起源》中阐释得十分清楚，国家的职能就是“缓和冲突”、将社会矛盾冲突“保持”在也就是“调节”在“秩序”范围内。所谓“调节”，当然是使用包含镇压在内的各种手段来“调节”；所谓“秩序”，当然是统治集团希望建立并维系的绝非真正平等，而是更加有利于冲突的某一方的社会秩序。司法既是国家机器的重要组成部分，承担着重要的国家“调节”职能，自然是为建立和维系统治集团选择的“秩序”服务。恩格斯的论述在我国古籍中可以找到大量佐证。《汉书·刑法志》在述及刑法产生时说，人若“不能群则不胜物，不胜物则养不足，群而不足，争心将作……”如果没有形成一定的规则来约束因为“群而不足”产生的矛盾（“争心”），这个群体就会因无法控制矛盾冲突而陷入无序状态。于是，作为“君王”的圣人“制礼作教，立法设刑”[②]，依靠“礼”的倡导性规定和“法律”的限制性规定来约束“争心”，维系“秩序”，使群体得以生存繁衍下去。

中国古代“以民为本”的精神实质由“从民之所欲”向“从君之所欲”

---

① 参见周密：《中国刑法史》，群众出版社 1985 年版，第 4 页。

② （东汉）班固：《汉书》卷 23，中华书局 1962 年版，第 1079 页。

嬗变之后,论及国家“立法设刑”的目的和实际针对性,先秦法家及其学说最能体现其本质。早期法家的杰出代表人物就是春秋时期协助齐桓公首先取得“霸主”地位的管仲。记载管仲言行的《管子》一书,对法律的功能作过不少明晰的阐述。《管子·任法》称:“法者,上之所以一民使下也。”①这明确地阐明了法律的作用是“一民”(划一民众的思想行为),以便于统治者驱使。《管子·君臣》称“齐民以政刑”②。“齐民”,即按统治者的要求“整齐”民众的行为规范,与“一民”是同样的目的。战国晚期集法家学说之大成的韩非说“一民之轨,莫如法”。③ 这些法家代表人物都十分清楚制定法律(立法设刑)的目的就是“一民”“齐民”,法律就是“一民”“齐民”的工具。非但法家如此,先秦儒家的代表人物孔子也说:“道之以政,齐之以刑,民免而无耻;道之以德,齐之以礼,有耻且格。”④孔子虽说是在比较以法“齐民”与以礼“齐民”的高下,但对立法的目的是“齐民”的看法则与法家是如出一辙,在他们眼中,法律就是统治者“治民”的工具。

恩格斯在论“国家”产生时的“这些经济利益互相冲突的阶级”中表明,谁是国家治理的主体,法律去建立和维护的“秩序”当然就会对谁更有利。“立法设刑”既然是一种限制性的规定,那么首先针对的自然是作为既非主体且为统治阶级对立面的广大劳动者阶级的民众。集夏商以来典制之大成的《周礼》中,“以五刑纠万民”⑤等记载不绝于书,一个“纠”字,清晰地体现出“作刑以明威”⑥的威慑与纠察的主要对象就是“万民”。

《魏书·官氏志》开篇就说:“百姓不能以自治,故立君以司牧”⑦,立君主(建立国家机器)是用来“牧民”的。史籍中经常见到把江山社稷称作“重宝”“重器”,把百姓称作“重畜”,民众不过是统治者“牧养”的对象

---

① 《管子》卷15,《二十二子》,上海古籍出版社1986年版,第152页。
② 《管子》卷11,《二十二子》,上海古籍出版社1986年版,第135页。
③ 《韩非子》卷2,《二十二子》,上海古籍出版社1986年版,第1122页。
④ (清)阮元校刻:《论语注疏》卷2,《十三经注疏》,中华书局1980年版,第2461页。
⑤ (清)阮元校刻:《周礼注疏》卷34,《十三经注疏》,中华书局1980年版,第870页。
⑥ (东汉)班固:《汉书》卷23,中华书局1962年版,第1079页。
⑦ (北齐)魏收:《魏书》卷113,中华书局1974年版,第2971页。

而已。被“牧养”的万民当然要遵从统治者的意志,服从统治者的治理,这即是《管子》所说的“夫生法者君也,守法者臣也,法于法者民也”。[①] 国君才拥有立法权(生法者君),国君立法后用法控制官僚队伍,让官僚队伍依国君所立之法去协助国君治理民众(守法者臣),而老百姓则必须一切向法律看齐(法于法者民)。商鞅更是直言不讳地说“智者作法,愚者制焉”。[②] 身为“上智”的统治者立法设刑就是用来管制被视为“下愚”的民众的,针对性十分明确。至于民众的意愿如何,商鞅则根本不予考虑,因为“民不可与虑始而可与乐成”[③],民众会各是其是,各非其非,是没有什么见识的,只要服从统治者安排的秩序就可以了。而韩非坚决主张“圣人之治民,度于本,不从其欲,期于利民而已。”[④]这些法家代表人物认为作为“下愚”的民众只知道关心一己之私利,根本没有关心天下之公利的觉悟,只有作为统治者的国君才心系天下公利。既然早已预先设定统治者必然是国家公利的天然代表,统治者代表国家立法有什么考虑民众诉求的必要呢?君主立什么法,民众就接受什么法的治理与管束,这是老百姓的本分。

(二)传统“民本”思想中人民的受“治”地位

前文已论及中华传统的“以民为本”思想源于阶级分化之前初民社会的“习惯法”,而初民社会长期形成的习惯法的精神,是在以民众为主体的无剥削压迫的社会环境中形成的,而当历史发展进入阶级社会以后,传统的习惯法精神发生嬗变已不可避免。“以民为本”的最早出处为《尚书·夏书》中的《五子之歌》,如果更进一步分析《五子之歌》的内容,就可以体味出更深层次的问题。《五子之歌》称“皇祖(大禹)有训,民可近,不可下;民为邦本,本固邦宁……予临兆民,懔乎若朽索之驭六马(紧张得像用腐朽的缰绳驾驶六匹马拉的车)。为人上者,奈何不敬?”[⑤]从社会发展

① 《管子》卷15,《二十二子》,上海古籍出版社1986年版,第152页。
② (西汉)司马迁:《史记》卷68,中华书局1959年版,第2229页。
③ (西汉)司马迁:《史记》卷68,中华书局1959年版,第2229页。
④ 《韩非子》卷19,《二十二子》,上海古籍出版社1986年版,第1188页。
⑤ (清)阮元校刻:《尚书正义》卷7,《十三经注疏》,中华书局1980年版,第156页。

史的视角而言,大禹时期是“国家”即将诞生的前夕,社会已经分化出剥削与被剥削阶级,压迫与剥削已渐成社会的常态,阶级对立和阶级斗争已经达到需要“国家”来调节的地步。虽然此时如大禹这样的君主还受到初民社会传统习惯法的影响,强调统治者绝对不可以罔顾人民的利益和愿望,但其已经自视为“人上之人”,即地位比民众尊贵、具有统治民众的权力,民众已经不再是政治生活的主体,而是被统治者“治”与“制”的对象。这里强调的“以民为本”虽不能说已经完全不是,但在一定程度上已经不再是初民社会所秉持的行为的目的,而是朝着维护统治秩序的一种手段的方向转化。

随着阶级社会的发展,社会矛盾日益复杂化,“以民为本”作为治理之“道”日渐式微,而只是作为治理之“术”保留在政治生活中。崇尚君主集权的先秦法家完全站在君本位的立场上设计治国方略,其中集法家学说之大成者韩非则可以说是站在极端的君本位立场上设计治国方略。所谓“君本位”,即以君主为最高代表的统治集团是治国的主体。“兆民”只是受治理的对象。所以在法家的字典里就没有“以民为本”这一说。

先秦儒家的代表人物孔子崇尚“德治”,而“德治”的落脚点就是“以民为本”。[①] 但是孔子明确否认人民是治国的主体,那么“以民为本”是否是治国理政的目的呢?答案也是否定的。前文已言及,孔子将儒家倡导的“礼”、“义”、“信”甚至“为政以德”等均看作“治民”的手段,强调“君君、臣臣、父父、子子”[②]的社会等级秩序不可挑战、不得触动,且“唯上知与下愚不移”[③],身为“下愚”的大众只能作为被治理对象。孟子的“劳心者治人,劳力者治于人”为“天下通义”[④],无疑也是将民众定位为被治理的对象。儒法两家是先秦时期指导治国理政的主要思想理论,虽然在“礼治”为上还是“法治”为上方面,儒法两家有很大分歧,但在把君主为代表的统治集团作为治国主体、民众为被治与“制”的对象的主张上,两者有

---

① 参见陈玉屏:《中国古代的德治与民本》,载《中华文化论坛》2003 年第 4 期。
② (清)阮元校刻:《论语注疏》卷 12,《十三经注疏》,中华书局 1980 年版,第 2502 页。
③ (清)阮元校刻:《论语注疏》卷 17,《十三经注疏》,中华书局 1980 年版,第 2524 页。
④ (清)阮元校刻:《孟子注疏》卷 5,《十三经注疏》,中华书局 1980 年版,第 2705 页。

异曲同工之妙。

汉武帝时董仲舒对统治理论实施改造,将先秦儒、法、墨、道、阴阳等各家学说融汇于儒家之下,从此“儒术”取得了“独尊”地位,为此后历代王朝所尊奉,而君主及支撑国家机器的官僚队伍立法设刑来“治”民,人民群众受“治”于统治者和各级官僚成为中国社会传世两千多年的传统和习惯性思维。

(三)“立法为民”原则的确立

“立法设刑”以“治”民,以构建和维系统治阶级所希望的“秩序”,是存在剥削压迫的古代阶级社会所固有的现象。将马克思主义与中国革命具体实践相结合,将中国共产党的根本宗旨浓缩为:“为人民服务”,使中国共产党不同于中国历史上任何一个政治集团,共产党领导的人民革命不同于中国历史上发生的任何一次社会变革,建立了中国历史上前所未有的人民当家作主的社会制度。根据“为人民服务”这一根本宗旨,确保人民群众在政治生活中的中心和主体地位,“一切从人民的利益出发”,是新中国治国理政的基本原则。

新中国从最初的新民主主义到后来过渡到社会主义,从制度设计而论,其逻辑非常清晰:人民是国家的主人,在治国理政中居于中心和主体地位;全国人民代表大会是最高权力机关,也是最高立法机关。在立法过程中树立“立法为民”的理念,切实贯彻“立法为民”的原则,是建设社会主义法治国家的必然要求,是现代法治的标志,是落实人民中心和主体地位、贯彻“为人民服务”这一根本宗旨的应然之义。然而,政治学的理论和国家机器运行的实践告诉我们,从“应然”到“实然”往往并非坦途,在一个具有深厚历史文化积淀的强烈影响而又长期处于强敌环伺、重要而紧迫的任务接踵不断的客观环境中,新中国的国家制度中反映人民主体地位的这一具有应然之义的内容,并不是自然而然地自动体现到方方面面。

回顾几千年中国古代社会的法制史,总结新中国成立以来法律工作正、反两个方面的经验,可以明显地看到中华传统法文化中的法律工具主义的负面影响。“立刑设法”以“治民”,将广大民众置于“受治”甚至“受制”位置的法律作为维系有利于剥削阶级的社会“秩序”的工具，与中国共产党坚持的“全心全意为人民服务”的根本宗旨完全不相容，与中国特色社会主义进入新时代的精神、与切实贯彻体现“以人民为中心”理念的“以民为本”精神相悖，必须从思想和目的上得到根本的变革。

以习近平同志为核心的党中央高瞻远瞩通古今之变，将完成立法目的历史性变革的任务提上了日程。党的十八大报告指出：“必须更加自觉地把以人为本作为深入贯彻落实科学发展观的核心立场，始终把实现好、维护好、发展好最广大人民根本利益作为党和国家一切工作的出发点和落脚点……”①报告中所言的“以人为本”之“人”指的是“广大人民”。党的十八届四中全会作出《中共中央关于全面推进依法治国若干重大问题的决定》，使用的措辞则是“要恪守以民为本、立法为民理念”。可见党的十八大报告中的“以人为本”与党的十八届四中全会决定中的“以民为本”是同一个概念。而党的十八大以来提出的“以民为本”与以往历朝历代的“以民为本”文字虽然一样，内涵却有本质的不同。传统的“以民为本”思想学说虽然主张必须保障民众最基本的生存权与发展权，但从来没有把人民作为国家治理的主体。因而这种“以民为本”只是统治阶级治国与“治民”“把冲突保持在‘秩序’的范围以内”的策略和手段，这也是中国传统“以民为本”思想内涵的历史局限性。正因如此，中国古代“以民为本”的思想虽然具有保障人权的属性，但它强调要保障的仅仅是最起码的生存权与发展权，这只是人权中最低限的部分，并且即便是这样最低限度的人权保障也经常无法实现。

应当指出的是，党的十八届四中全会决定将“以民为本”和“立法为民”紧密联系在一起来予以强调，标志着两项具有划时代历史意义的重大变革的完成。全面推进依法治国、深化建设具有中国特色社会主义法治国家的必要性和必然性、将“立法为民”确立为立法必须遵循的原则，切实保障人民在依法治国中的主体地位，彻底地终结了传统的“立法治民”

---

① 胡锦涛：《坚定不移沿着中国特色社会主义道路前进　为全面建成小康社会而奋斗——在中国共产党第十八次代表大会上的报告》，载《人民日报》2012 年 11 月 18 日。

的法律工具主义思想,从而完成了立法目的的历史性变革,为中国共产党领导新民主主义革命开始的对传统“以民为本”思想内涵的革命性变革胜利完成提供了法治保障。坚持“以人民为中心”理念的“以民为本”思想,是真心诚意将人民视为历史的创造者和决定党和国家前途命运的根本力量。新时代贯彻“以民为本”原则就是要让居于中心和主体地位的人民群众享有真正的、最为广泛的人权。社会主义法治建设的深入推进,为完成历史性变革的“以民为本”思想的全面贯彻,推进我国社会主义人权事业更加广泛深入的发展,奠定了坚实的法治基础,使中华传统文化中“以民为本”的思想在建设中国特色社会主义的新时代与时俱进,焕发出耀眼的光辉和无穷无尽的活力。

二、新时代系统性人权思想的形成与人权事业的全面发展

自党的十八大明确提出新时代的“以人为本”思想以来,党的十八届四中全会作出的《中共中央关于全面推进依法治国若干重大问题的决定》再次强调“以民为本”“人民是依法治国的主体和力量源泉”,紧接着又把“坚持以人民为中心”作为“新时代中国特色社会主义思想的精神实质和丰富内涵”的重要组成部分,写入党的十九大报告之中。党的十八大以来不断强调坚持“以民为本”、坚持“人民主体地位”、坚持“以人民为中心”,标志着在“以人民为中心”的核心理念引领下,形成了系统性的人权思想。同时随着我国的综合国力的迅速增强,我国的人权事业得到了全面发展。

(一)“以人民为中心”理念引领下的系统性人权思想的形成

自改革开放、突破思想禁区、正面认识人权问题以后,中国共产党对自身在领导人民革命的斗争历程中保障人权的认识和实践作出了实事求是的回顾:

> 尊重和保障人权是中国共产党人的不懈追求。党的百年奋斗史,贯穿着党团结带领人民为争取人权、尊重人权、保障人权、发展人

权而进行的不懈努力。①

在推进我国人权事业发展的实践中,中国共产党把马克思主义人权观同中国具体实际相结合、同中华优秀传统文化相结合,总结团结带领人民尊重和保障人权的成功经验,借鉴人类优秀文明成果,走出了一条顺应时代潮流、适合本国国情的人权发展道路:一是坚持共产党领导;二是坚持尊重人民主体地位;三是坚持从我国实际出发;四是坚持以生存权、发展权为首要的基本人权;五是坚持依法保障人权;六是坚持积极参与全球人权治理。②

通过对人类优秀文明成果的借鉴和国际人权事务的参与,中国共产党将人权的普遍性原则、中国的具体国情和中国共产党领导下的百年人权发展的实践经验相结合,在推进社会主义法治国家建设、不断发展中国特色社会主义法治理论的努力中,形成了系统化、理论化的“以人民为中心”理念引领下的人权思想,其主要内容包括:

1. 人权是一定历史条件下的产物,人权的具体内容是与一定的生产方式相联系的,并随着历史的发展与生产方式的改变而变化发展。

2. 人权是普遍性与特殊性的结合。不同的国家由于在历史传统、社会结构、经济文化发展水平、文化与宗教背景等方面存在较大差异,所面临的人权发展任务和应当采取的人权保障方式也会有所不同,人权和人权发展没有放之四海而皆准的标准和模式,应当尊重各国人民结合本国国情的人权发展道路和人权保障模式的选择。

3. 人权是权利与义务的有机统一,即个人人权与集体人权的有机统一,这是正确处理个人与社会关系的基础。没有个人人权的保障和发展,就没有集体人权的发展;也只有在集体人权不断发展的前提下和环境中,个人的人权才能获得更好的保障和发展。因而,努力使个人人权的发展和集体人权的发展相互协调、相互促进,才能实现全社会最广泛的人权保

---

① 《坚定不移走中国人权发展道路　更好推动我国人权事业发展》,载《人民日报》2022年2月27日。

② 《坚定不移走中国人权发展道路　更好推动我国人权事业发展》,载《人民日报》2022年2月27日。

障和人权发展。

4. 人民的生存权和发展权是首要的基本人权。中国共产党始终把解决好人民的生存权、发展权作为第一要务，并以此作为不断提高其他人权保障水平的前提和基础。

5. 各项人权相互依存不可分割，需要统筹协调、推动各项人权的平衡发展。党的十八大以来，党和政府统筹推进经济建设、政治建设、文化建设、社会建设、生态文明建设“五位一体”的总体布局和全面建成小康社会、全面深化改革、全面依法治国、全面从严治党“四个全面”的战略布局，总体推进人权事业的全面而迅速的发展。

6. 人民幸福生活是最大的人权，人民对美好生活的向往就是人权发展的努力方向。坚持人民在人权发展中的主体地位，使发展成果更多更公平地惠及全体人民。将不断提高人民大众的获得感、幸福感和安全感作为检验享有更加充分人权的标准。

7. 维护国家主权，坚持独立自主的原则是建设中国特色社会主义人权事业的先决条件，没有国家主权就不能保障人权。

8. 推动形成更加公正、合理、包容的全球人权治理，反对将人权问题政治化或“单边主义”“双重标准”“霸权主义”，推动国际社会秉持构建“人类命运共同体”的理念与和平、发展、公平、正义、民主、自由的人类共同价值，公正客观地处理人权问题。

9. 实现人的自由全面发展是人权的最高价值追求。中国全面建成小康社会和实现中华民族伟大复兴的中国梦，就是让每个人都能更有尊严地发展自我和奉献社会，在享有更广泛的人权的基础上，朝着“人的彻底解放”“人的自由全面发展”的理想境界前进。

10. 以马克思主义为指导，与时俱进，守正创新，深入挖掘阐释中华文化蕴含的“以民为本”“以人为本”的思想，深入研究和总结中国人权发展的新实践新认识，提炼出具有说服力、感召力的人权概念、范畴和表述，努力建设富有中国特色、具有世界意义的人权理论体系。

中国特色的人权思想具有强大生命力，在整体推进、全面发展国内人权和推动形成更加公正、合理、包容的全球人权治理的不懈努力中，将秉持与时俱进、守正创新的精神，不断增添新的内容，逐渐发展成为一个贯古通今、具有丰厚中华文化底蕴和厚重历史感、充分体现中国特色社会主义属性的人权思想理论体系，提升我国在国际人权领域的话语权，在国际人权事业发展中积极发挥“参与、推动、引领”作用。

（二）中国人权事业发展的全面提速

党的十八大以来，党和政府通过统筹推进经济建设、政治建设、文化建设、社会建设、生态文明建设和协调推进全面建成小康社会、全面深化改革、全面依法治国、全面从严治党，有力地促进了经济与社会的全面发展，综合国力以前所未有的速度迅速提升，中国特色的人权事业在整体推进中全面发展。国务院新闻办公室 2021 年 8 月 12 日发表《全面建成小康社会：中国人权事业发展的光辉篇章》白皮书在全面回顾中国共产党领导全国人民切实践行新时代的“以民为本”思想、全面建成小康社会的光辉历程和消除绝对贫困所开展的艰苦卓绝的斗争之后，以大量事实和翔实数据展示了在党的十八大以后我国人权事业迅速发展所达到的新的高度：

党的十八大以来，我国在“以人民为中心”核心理念引领下，切实将新时代“以民为本”精神全面贯彻在发展人权上，在疫情防控成效、人民卫生健康服务、生活质量、就业、公共文化服务、受教育、社会保障、生态环境、人类发展指数等增进经济社会文化权利的各个方面得到最广泛的体现。

我国这场史无前例的新冠肺炎抗疫斗争的成就和经验最为亮眼。新冠肺炎疫情暴发初期，党和政府举全国之力实施了规模空前的生命大救援，从全国调集最优秀的医生、最先进的设备、最急需的资源千里驰援湖北省。2020 年 1 月 24 日至 3 月 8 日，全国共调集 346 支国家医疗队、4.26 万名医务人员、900 多名公共卫生人员驰援湖北；紧急调集 4 万名建设者和几千台机械设备，分别仅用十多天时间就建成了有 1000 张病床的火神山医院、有 1600 张病床的雷神山医院和共有 1.4 万余张床位的 16 座方舱医院。湖北省共成功治愈 3000 余位 80 岁以上、7 位百岁以上患者，多位重症老年患者都是从死亡线上抢救回来的，充分体现了对每一个生命的尊重和保护。国家还及时出台救治费用保障政策,确保患者不因费用问题影响就医、医疗机构不因费用问题影响收治,最大限度提高了治愈率,降低了病亡率。坚持常态化精准防控和局部应急处置有机结合,不断巩固新冠肺炎疫情防控成果。大力推进新冠肺炎疫苗接种,加快构筑免疫屏障,深刻体现了“生命至上、人民至上”的真正的“以民为本”精神。

党和国家坚持把人民健康放在优先发展的战略位置,不断提升医疗卫生服务的公平性、可及性、便利性和可负担性。公共卫生服务体系基本形成。全国医疗卫生机构(包含医院、基层医疗机构、专业公共卫生机构)由1978年的17万个大幅增长到2020年的102.3万个。包括疾病预防控制、健康教育、妇幼保健、精神卫生防治、应急救治、采供血、卫生监督等各种专业机构在内的公共卫生服务体系基本形成。公共卫生服务范围不断扩大。城乡居民免费享受的基本公共卫生服务项目由2010年的9类扩展到2020年的12类,项目内容覆盖居民生命的全过程。通过提升免疫规划疫苗接种率,中国在2000年消灭了脊髓灰质炎,在2012年消除了新生儿破伤风,在2020年消除了疟疾,2021年被世界卫生组织认证为无疟疾国家。艾滋病整体疫情控制在低流行水平,结核病成功治疗率保持在90%以上。医疗卫生服务体系不断健全。2020年,全国医疗卫生机构床位总数达911万张,其中医院713万张,乡镇卫生院139万张;卫生技术人员总数达1066万人,其中执业医师和执业助理医师408万人,注册护士471万人;全年总诊疗人次78.2亿人次,孕产妇产前检查率达96.8%,住院分娩率为99.9%。合理配置医疗资源,构建“基层首诊、双向转诊、急慢分治、上下联动”的分级诊疗服务体系。取消以药补医机制,建立基本药物制度,各级各类公立医疗机构全面配备优先使用基本药物,实行零差率销售。人民健康指标稳步改善。居民主要健康指标总体上优于中高收入国家平均水平。中国人均预期寿命从1981年的67.8岁增长到2019年的77.3岁。婴儿死亡率从改革开放初期的37.6‰下降到2020年的5.4‰。孕产妇死亡率从2002年的43.2/100,000下降到2020年的16.9/100,000,被世界卫生组织誉为“发展中国家的典范”“妇幼健康高绩效国家”。基本医疗卫生与健康促进法通过并实施,为全方位全周期维护人民健康、实施健康中国战略提供法治保障。

人民的生活质量显著提高。中国经济长期持续稳定增长，人均国内生产总值从1978年的385元增至2020年的72,000元。2020年，全国居民人均可支配收入达到32,189元。随着收入的提高，居民消费结构日益优化，2020年全国居民恩格尔系数为30.2%，比1978年降低33.7个百分点；基本居住条件也得到显著改善，城镇居民人均住房建筑面积从1978年的4.2平方米增长到2019年的39.8平方米，农村居民人均住房建筑面积从1978年的8.1平方米增长到2019年的48.9平方米。通过实施城镇保障性安居工程，帮助约2亿困难群众改善了住房条件。交通基础网络日益完善，人民出行更加安全便利。截至2020年，全国铁路运营里程达14.6万公里，其中高速铁路运营里程3.8万公里。公路总里程达519.81万公里，其中高速公路里程16.1万公里。城市轨道交通运营里程达7354.7公里。信息化生活品质大幅提升，2020年，全国移动电话普及率达113.9部/百人；互联网普及率达70.4%，其中农村地区互联网普及率为55.9%。截至2021年6月，全国已建设开通5G基站84.7万个。2020年，全国网络购物用户规模达7.82亿，占网民整体的79.1%；全国网络零售额11.76万亿元，比2019年增长10.9%。

中国政府坚持实施就业优先战略和积极的就业政策，截至2020年，全国共有人力资源服务机构4.58万家，全年为2.9亿人次劳动者提供了就业、择业和流动服务；全国就业人数为75,064万人，其中城镇就业人数为46,271万人。2019年，中国城镇新增就业1352万人，连续7年保持在1300万人以上。在新冠肺炎疫情带来的不利影响下，2020年中国城镇新增就业仍达到1186万人。民营企业提供了80%以上城镇就业岗位。新产业新业态新模式不断涌现，创造了大量兼职就业、灵活就业岗位。劳动者工资收入快速增长，城镇非私营单位就业人员年均工资从1978年的615元增加到2019年的90,501元。

经过40多年的发展，覆盖城乡的公共文化服务体系不断完善，文化体育事业蓬勃发展。2020年，全国共有公共图书馆3212个，博物馆5788家，文化馆3321个，乡镇综合文化站32,825个，村级综合性文化服务中心 575,384 个。全年出版各类报纸 277 亿份,各类期刊 20 亿册,图书 101 亿册(张),人均图书拥有量达 7.24 册(张)。全国广播节目综合人口覆盖率为 99.4%,电视节目综合人口覆盖率为 99.6%。全年生产电视剧 202 部 7476 集,电视动画片 116,688 分钟,故事影片 531 部,科教、纪录、动画和特种影片 119 部。公共数字文化工程累计建设可供全国共享的数字资源约 1274TB,数字图书馆推广工程已覆盖全国 39 家省级图书馆、376 家市级图书馆,服务辐射 2760 个县级图书馆。2020 年,全国共有体育场地 371.3 万个,体育场地面积 31 亿平方米,人均体育场地面积 2.2 平方米。

党和政府把教育公平作为国家基本教育政策,受教育权保障水平显著提升。全国学前三年毛入园率从 2010 年的 56.6% 提高到 2020 年的 85.2%。2020 年,全国九年义务教育巩固率为 95.2%,义务教育普及程度达到世界高收入国家的平均水平。残疾儿童义务教育入学率达 95% 以上。建立覆盖从学前教育到研究生教育的全学段学生资助政策体系,不让一个孩子因家庭经济困难而辍学的目标基本实现。全国 96.8% 的县实现义务教育基本均衡发展,更多农村和中西部地区孩子享受到更好更公平的教育。全国高中阶段教育毛入学率从 2000 年的 42.8% 提高到 2020 年的 91.2%,超过中等偏上收入国家平均水平;高等教育毛入学率从 2000 年的 12.5% 提高到 2020 年的 54.4%,高等教育在学总规模超过 4000 万人,建成世界上最大规模的高等教育体系。

社会保障体系覆盖全民,2020 年,全国参加职工基本医疗保险人数 3.4 亿人,参加城乡居民基本医疗保险人数 10.2 亿人,参保总人数超过 13.6 亿人;参加生育保险人数 23,567 万人。截至 2021 年 6 月,全国参加城镇职工基本养老保险人数 46,709 万人,参加城乡居民基本养老保险人数 54,735 万人;参加失业保险人数 22,229 万人;参加工伤保险人数 27,399 万人,其中参加工伤保险的农民工 9082 万人;参加生育保险人数 23,546 万人。国家还构筑以最低生活保障、特困人员救助供养等应救尽救的综合性社会救助体系。截至 2020 年,全国共有 805 万人获得城市最低生活保障,3621 万人获得农村最低生活保障,31 万人获得城市特困人员救助供养,447万人获得农村特困人员救助供养,全年临时救助1341万人次,全国共实施医疗救助18,608万人次,支出资金546.8亿元。为保障受新冠肺炎疫情影响困难群众基本生活,2020年为困难群众发放价格临时补贴资金218亿元,惠及4亿人次;受新冠肺炎疫情影响,困难群众有244万人新纳入低保,有254万人次获得临时救助。

党的十八大以来,将生态文明建设纳入国家发展“五位一体”总体布局,严守生态保护红线,切实保护公民环境权利。2020年,全国万元国内生产总值二氧化碳排放较2005年下降48.4%,提前完成比2005年下降40%至45%的碳排放目标。天然气、水电、核电、风电等清洁能源消费量占能源消费总量比重从2016年的19.1%上升到2020年的24.3%(初步核算数)。全国337个地级及以上城市中,2020年空气质量达标的城市占59.9%。2020年,1940个国家地表水考核断面中,水质优良(Ⅰ－Ⅲ类)断面比例为83.4%,比2019年上升8.5个百分点;劣Ⅴ类断面比例为0.6%,比2019年下降2.8个百分点;全国近岸海域优良(一、二类)水质比例为77.4%,比2019年上升0.8个百分点;劣四类水质比例为9.4%,比2019年下降2.3个百分点。土壤环境风险得到有效管控,2014年至2019年,全国依法依规关停涉重金属行业企业3500余家,实施金属减排工程850多个,农用地土壤环境状况总体稳定。人居环境不断改善,2020年,全国农村卫生厕所普及率超过68%,生活垃圾进行收运处理的行政村比例超过90%,全国农村生活污水治理率达25.5%;46个重点城市生活垃圾分类覆盖居民8300万户,居民小区覆盖率94.6%,地级及以上城市建成区黑臭水体消除比例超过90%。实施最严格的生态保护。截至2020年,全国共建立自然保护地近万处,保护面积覆盖陆域国土面积的18%,约90%的陆地生态系统类型和85%的重点野生动物种群得到有效保护。全国森林覆盖率由20世纪70年代初的12.7%提高到2020年的23.04%。在全球森林面积持续净损失达1.78亿公顷的不利形势下,中国森林面积近十年年净增约249.9万公顷,居全球第一。2012年至2021年6月,累计完成防沙治沙任务面积超过1900万公顷,封禁保护面积达到177.2万公顷。中国率先实现了荒漠化土地零增长,为实现《联合国

2030 年可持续发展议程》提出的 2030 年全球退化土地零增长目标作出重要贡献。

根据联合国开发计划署发布的“人类发展报告”,1990 年中国还处于低人类发展水平组,1996 年便进入了中等人类发展水平组,2011 年又步入高人类发展水平组。中国的人类发展指数从 1990 年的 0.499 增长到 2019 年的 0.761,是自 1990 年联合国开发计划署在全球首次测算人类发展指数以来,唯一从低人类发展水平组跨越到高人类发展水平组的国家。

践行“以人民为中心”为核心理念的“以民为本”、“以人为本”发展思想,实行良法善治维护公民权利政治权利,体现在不断拓展人民民主权利上。党的十八大以来,坚持人民主体地位,发展完善人民代表大会制度以及中国共产党领导的多党合作和政治协商制度、基层群众自治制度,丰富民主形式,拓宽民主渠道,人民民主权利得到切实保障。

民主选举有序发展。城乡按相同人口比例选举人大代表,保证各地区、各民族、各方面都有适当数量的代表。县级及以下人大代表实行直接选举,2016 年开始的县乡两级人民代表大会换届选举中,登记选民 10 亿多人,直接选举产生近 248 万名县乡两级人大代表。全国共有五级人大代表 262 万多名。推动协商民主广泛多层制度化发展,以事关经济社会发展全局和涉及群众切身利益的实际问题为内容,开展广泛协商。发挥人民政协作为社会主义协商民主的重要渠道和专门协商机构作用,推动协商履职成果更好运用。2012 年 1 月至 2021 年 6 月,全国政协共收到 58,768 件提案,48,496 件立案,大多数提案的建议得到采纳和落实。修订城市居民委员会组织法、村民委员会组织法,进一步完善和规范居委会、村委会成员的选举和罢免程序。全国农村已普遍开展 10 轮以上村委会换届选举,98% 以上的村委会依法实行直接选举,村民参选率达 95% 。拓展流动人口有序参与居住地社区治理渠道。以职工代表大会为基本形式的企事业单位民主管理制度不断健全,目前全国已有 29 个省(区、市)制定了 36 个有关企业民主管理的地方性法规,保障职工参与管理和监督的民主权利,维护职工合法权益。知情权、参与权、表达权、监督权得到切实保障。实行审计结果公告制度,制定修改政府信息公开条例,提升政府信息公开水平,保障公民知情权。通过推行“一网通办”,全国一半以上行政许可事项办理时限缩短 40% 以上,省级行政许可事项网上受理和“最多跑一次”比例超过 82% ,50 个高频服务事项和 200 个便民服务实现“跨省通办”。根据《2020 年联合国电子政务调查报告》,中国电子政务服务的在线服务指数与电子参与水平均列全球第 9 位,进入领先行列。推进民主立法,完善立法座谈论证、法律草案公开征求意见等制度,使每一项立法反映人民意志。截至 2020 年,第十三届全国人大常委会已就 87 件次法律草案公开征求意见。不断健全依法决策机制,提高决策民主化水平。广泛汇集社情民意,依法及时就地解决公民合理诉求,保障公民有序参与公共事务管理,监督国家机关依法行使职权。2018 年至 2020 年,第十三届全国人大常委会共听取和审议“一府一委两院”工作报告 52 个,共对 19 部法律和决定的实施情况进行检查,围绕“十四五”规划纲要编制、精准脱贫、污染防治、社会保险制度改革等内容开展 18 次专题调研,开展 8 次专题询问。加强和改进政协民主监督工作,更好发挥协商式监督优势作用。推进监察体制改革,依法全方位加强对所有行使公权力的公职人员的监督。不断完善人民陪审员、人民监督员制度,保障公民参与司法、监督司法的权利。依法保护公民的人身权利和自由,公民人身自由得到尊重和保护。第十二届全国人大常委会 2013 年通过关于废止有关劳动教养法律规定的决定,第十三届全国人大常委会 2019 年通过关于废止有关收容教育法律规定和制度的决定,国务院 2020 年废止《卖淫嫖娼人员收容教育办法》,废除劳动教养和收容教育制度,彰显国家尊重和保障人权的宪法精神及依法保障公民人身自由的人权理念。不断推进户籍制度改革,实行城乡统一的户口登记制度,更好保障人民公平享有民生权利。2020 年,全国户籍人口城镇化率达到 45. 4% ,比 2012 年提高 10. 1 个百分点。2010 年以来,共为 1500 余万无户口人员办理了落户,基本解决全国无户口人员登记户口问题。2021 年颁布实施《民法典》,为全面调整社会经济生活中的人身关系和财产关系的基本民事权利立法,加强了人格权保护。国家加大对侵犯公民个人信息行为的打击力度,2016 年以来,通过开展专项行动依法办理一批涉嫌侵犯公民个人信息的案件,泄露公民个人信息事件得到有效遏制。2019 年在全国范围开展 App 违法违规收集使用个人信息保护专项治理工作,App 隐私政策透明度大幅提升。2021 年 3 月,国家网信办等四部门联合发布《常见类型移动互联网应用程序必要个人信息范围规定》,明确 39 类常见类型移动应用程序必要个人信息范围。2021 年 5 月至 7 月,相关部门共组织对 12 种常见类型、用户下载量大的 1035 款 App 开展专项检测评估,对 351 款 App 进行公开通报,对 52 款 App 下架处罚。依法严厉打击电信网络诈骗违法犯罪,2017 年至 2020 年,全国各级人民法院一审审结侵犯公民个人信息的刑事案件数量分别为 1393 件、2315 件、2627 件、2558 件,一审审结隐私权纠纷案件数量分别为 273 件、292 件、331 件、395 件。2019 年至 2020 年,全国各级人民法院一审审结网络侵权责任纠纷案件分别为 4059 件、4058 件。检察机关将个人信息保护作为拓展公益诉讼案件范围的新领域重点部署推进,加强对公民个人信息保护。切实保障被羁押人和罪犯的合法权益,进一步规范强制措施,减少羁押性强制措施的适用,建立在押人员投诉调查处理机制,保障被羁押人的人格尊严及律师会见、申诉、医疗等合法权利。强化检察监督和执法监督,保障罪犯合法权利不受侵犯。实行人文关怀,开展罪犯离监探亲活动。制定实施社区矫正法,监督管理与教育帮扶相统一,对符合条件的社区矫正对象落实最低生活保障,提供临时救助和社会保险、就业就学等政策。截至 2020 年,已累计接收社区矫正对象 537 万人,累计解除矫正 473 万人,在册社区矫正对象 64 万人,社区矫正对象在矫正期间再犯罪率一直处于 0.2% 的较低水平。健全完善刑满释放人员救助管理制度,落实社会救助和就业安置措施,促进刑满释放人员顺利融入社会。健全以公平为核心原则的产权保护制度。清理有违公平的法律法规条款,加强对各种所有制经济组织和自然人财产权的保护。《民法典》明确规定对所有财产权平等保护,强化对个人信息、数据和网络虚拟财产等的保护,形成有效的权利保护机制,公民财产权法治保障水平不断提升。严格规范涉及民营企业的执法司法行为,坚决禁止刑事执法介入经济纠纷,依法准确适用强制措施,最大限度减少对企业正常生产经营活动的影响。最高人民法院、最高人民检察院先后发布一系列涉及民营企业司法保护的指导性案例和典型案例,指导各级司法机关依法办案。加强知识产权保护和运用,健全技术创新激励机制。完善体现知识产权价值的侵权损害赔偿制度。在北京、上海、广州设立知识产权法院,通过审理重大典型案件,确立裁判规则,统一裁判标准,加大对知识产权侵权行为的惩治力度。最高人民检察院设立知识产权检察办公室,统一指导履行知识产权刑事、民事、行政检察职能,构建知识产权全方位综合性司法保护机制。加强国际知识产权执法司法对话、交流与合作,推动构建更加公平合理的知识产权国际规则。稳步推进司法体制改革。2014 年党的十八届四中全会通过《中共中央关于全面推进依法治国若干重大问题的决定》,全方位改革司法体制,保证公正司法,提高司法公信力。全面落实司法责任制改革,健全有序放权、科学配权、规范用权、严格限权的司法管理体制和司法权力运行体系。深化以审判为中心的刑事诉讼制度改革,强化检察机关法律监督职能,充分发挥诉讼程序制约作用;健全公安机关、检察机关、审判机关、司法行政机关分工负责、各司其职,侦查权、检察权、审判权、执行权相互配合、相互制约的体制机制,构建各尽其职、配合有力、制约有效的工作体系。

健全司法人员依法履职保护机制。建立健全责任追究制度,保障司法机关和司法人员依法办理案件不受行政机关、社会团体和个人的干涉。规范司法人员考评考核和责任追究、惩戒办法,建立健全司法人员受到侵害救济保障机制和不实举报澄清机制,坚决打击侵害司法人员合法权益的行为,推动形成尊重司法裁判、维护司法权威的社会氛围。建立健全错案发现、纠正、防范和责任追究机制,坚持程序公正和实体公正相统一,坚持严格公正司法,坚持罪刑法定、无罪推定、证据裁判,严格实行非法证据排除规则,坚持实事求是、有错必纠,落实国家赔偿制度,加强人权司法保障。2019 年至 2020 年,全国各级人民法院分别按照审判监督程序再审改判刑事案件 1774 件、1818 件;依法宣告 637 名、656 名公诉案件被告人和 751 名、384 名自诉案件被告人无罪;审结国家赔偿案件 18,164 件、18,433 件,保障赔偿请求人合法权益。2020 年 1 月至 2021 年 6 月,各级检察机关通过审判监督程序提出刑事抗诉 1325 件,同期法院改判 685

件、发回重审 134 件;提出刑事再审检察建议 616 件,同期法院改判 214 件、发回重审 6 件。一批重大冤错案件得到依法纠正。加强对执业律师权利的保障,印发《关于依法保障律师执业权利的规定》等文件,对保障律师各项诉讼权利作出全面规定,健全完善了律师执业权利救济机制和责任追究机制。最高人民法院、最高人民检察院、公安部、国家安全部、司法部和全国律协建立了维护律师执业权利快速联动处置机制,畅通律师维权通道,确保律师权利被侵犯后能够得到及时有效救济。全国律协、省级和设区的市级律师协会全部设立维护律师执业权利中心,专门负责维护律师执业权利工作。最高人民检察院开展保障律师执业权利专项监督活动,监督纠正执法司法机关阻碍律师依法行使诉讼权利问题,保障诉讼活动顺利进行。截至 2020 年,全国共有律师事务所 3.4 万多家,律师 52.2 万多人。深入推进审判公开、检务公开、警务公开和狱务公开,执法司法信息化水平不断提升,保障当事人获得更为高效便捷诉讼服务。截至 2020 年,全国 98% 的法院建成了信息化程度较高的诉讼服务体系,为当事人提供全方位的诉讼服务;98% 的法院开通诉讼服务网,为当事人、律师提供网上预约立案、案件查询、卷宗查阅、电子送达等服务。全国检察机关自 2014 年 10 月 1 日部署应用案件信息公开系统以来,截至 2021 年 6 月 30 日,“案件信息公开网”已导出案件程序性信息 15,023,598 件、发布重要案件信息 1,142,802 件、公开法律文书 6,597,917 件,接受辩护与代理网上预约 558,872 人次。2019 年,“案件信息公开网”统一并入“12309 中国检察网”,网上服务进一步优化升级,检察机关案件信息公开进入信息化、常态化、规范化的快速发展轨道。完善法律援助制度,发布实施《法律援助值班律师工作办法》,在法院、看守所普遍设立法律援助工作站。积极开展刑事案件律师辩护全覆盖试点工作。扩大民事、行政法律援助覆盖面。2020 年,全国组织办理法律援助案件近 140 万件,受援人达 216 万余次,提供法律咨询 1466 余万人次;值班律师提供法律援助(不含法律咨询)74 万余件,其中参与认罪认罚从宽案件 68 万余件。截至 2020 年,在全国乡镇(街道)司法所及仲裁、法院、信访等矛盾纠纷相对集中的部门设立法律援助工作站 7 万余个,方便群众就近获得法律援助服务。党和政府支持各宗教坚持独立自主自办的原则，在法律范围内进行各种宗教活动，不干涉各宗教内部事务，2017 年修订《宗教事务条例》，贯彻实施《境内外国人宗教活动管理规定》，依法保障中国公民及境内外国人的宗教信仰自由。依法打击宗教极端主义以及打着宗教活动名义开展的“邪教”活动。中国现有依法登记的宗教活动场所 14.4 万处，宗教院校 92 所，信仰佛教、道教、伊斯兰教、天主教和基督教等宗教的公民近 2 亿人，宗教教职人员 38 万余人，呈现宗教和顺、社会和谐的良好局面。

“一个也不能少”是“以人民为中心”核心理念引领下的“以民为本”“以人为本”包含的应有之义，切实保障特定群体权益措施从全方位得到进一步落实。党和政府切实维护和促进农民权益，高度重视对妇女、儿童、老年人、少数民族及残疾人等特定群体权益的保障，使他们享有均等机会，以平等身份充分参与经济政治文化社会生活，共享发展成果。

土地制度改革极大增进农民财产性权利。党的十八大以来，稳定农村土地承包关系并保持长久不变，赋予农民对承包地占有、使用、收益、流转及经营权融资担保权，保障农户宅基地用益物权，增加农民财产性收入，赋予农民更多财产权利。截至 2020 年，31 个省(区、市)均开展了承包地确权工作，承包地确权面积达 15 亿亩，完善土地承包合同 2 亿份，颁发土地承包经营权证书 2 亿份。在城市化进程中农民工生活条件不断改善。2012 年至 2020 年，全国农民工人均月收入从 2290 元上升到 4072 元。进城农民工人均居住面积达到 21.5 平方米，住房中有洗澡设施的占 85.4%，能上网的占 94.8%，拥有电冰箱、洗衣机、汽车(包括经营用车)的比重分别为 67%、68.1%、30.8%。关爱农村留守人员，随迁子女就地入学等工作的持续开展，全国农村留守儿童数量从 2016 年的 902 万名下降到 2020 年的 643.6 万名。印发《关于进一步健全农村留守儿童和困境儿童关爱服务体系的意见》《关于加强农村留守妇女关爱服务工作的意见》《关于加强农村留守老年人关爱服务工作的意见》等政策文件，进一步完善农村留守儿童、留守妇女、留守老人的关爱服务政策。农村人居环境极大改善，截至 2020 年，全国 95% 以上村庄开展了清洁行动。2019 年至 2020 年，累计安排 144 亿元中央财政资金实施农村厕所革命整村推进奖补政策，安排中央预算内投资 60 亿元支持中西部省份以县为单位开展农村人居环境整治项目建设。中央财政对农村人居环境整治成效明显的 39 个县给予激励支持。

我国于 20 世纪 90 年代先后制定未成年人保护法、妇女权益保障法、老年人权益保障法，并对三项法律进行多次修改完善。制定母婴保健法、反家庭暴力法、预防未成年人犯罪法等法律，颁布《女职工劳动保护特别规定》《禁止使用童工规定》《校车安全管理条例》《未成年工特殊保护规定》等行政法规及部门规章，为保障妇女儿童老年人权益奠定了法律基础。印发《关于建立健全法规政策性别平等评估机制的意见》，切实从法规、规章、政策的源头上贯彻男女平等基本国策，促进妇女全面发展。2020 年颁布民法典，增设居住权，明确夫妻共同债务的范围，增加防止和制止性骚扰等条款，进一步提高了妇女儿童老年人等群体的保护水平。国家先后制定实施三个周期的中国妇女发展纲要、中国儿童发展纲要和五个老龄事业发展纲要（规划），妇女儿童老年人权益保障持续加强。妇女经济社会参与能力不断提升。全国 15 岁及以上女性文盲率由 1979 年的 20.5% 降至 2017 年的 7.3%，普通高等学校本专科在校女生占在校生总数的比例由 1978 年的 24.1% 提高到 2019 年的 51.7%。全国女性就业人数占全社会就业人数的比重超过四成。2018 年第十三届全国人大代表中有 742 名妇女代表，占比 24.9%，比 1983 年第六届全国人大提高了 3.7 个百分点；第十三届全国政协委员中有 440 名女性委员，占比 20.4%，比 1983 年第六届全国政协提高了 7.6 个百分点。妇女儿童健康保障水平进一步提高。2020 年，全国孕产妇产前检查率为 97.4%，住院分娩率为 99.9%。实施农村妇女宫颈癌和乳腺癌免费检查项目，将宫颈癌和乳腺癌纳入国家大病救治范围。

实施贫困地区儿童营养改善项目，截至 2020 年，累计 1120 万儿童从项目中受益。5 岁以下儿童死亡率从 1991 年的 61‰下降至 2020 年的 7.5‰。儿童得到特别关爱和特殊保护。2020 年，全国有儿童社区服务中心 2.9 万个，社区服务站 24.9 万个，城乡社区家长学校 36 万个，城乡社区儿童之家32万余个。全国乡镇一级配备儿童督导员5.6万名,村一级配备儿童主任67.5万名,基层儿童工作队伍建设和儿童关爱服务水平不断提高。进一步加强对孤儿、残疾儿童、农村留守儿童、困境儿童等特殊群体的关爱保护。加大孤儿保障力度。2019年,中央专项资金对孤儿基本生活补助标准提高50%,东、中、西部分别补助300元/月、450元/月和600元/月。印发《关于进一步加强事实无人抚养儿童保障工作的意见》,将事实无人抚养儿童全面纳入制度保障范围。截至2020年,全国共有25.4万名事实无人抚养儿童纳入保障范围,全国平均保障标准达每人每月1184.3元。坚持对侵害未成年人犯罪“零容忍”。在司法程序中推行具备取证、心理疏导、司法救助等功能的“一站式”询问、救助机制,截至2020年,全国共建成“一站式”询问、救助办案区1029个。加强未成年被害人多元综合救助,2019年共向4306名未成年被害人及其家庭等发放救助金6200余万元。

大力发展养老服务,逐步建立居家社区机构相协调、医养康养相结合的养老服务体系,将赡养老人支出纳入个人所得税抵扣范围。2020年,国家将1834万困难老年人及时纳入最低生活保障范围,388万老年人纳入特困人员救助供养范围。经济困难的高龄失能等老年人补贴制度实现省级全覆盖。截至2020年,全国享受高龄津贴、护理补贴、服务补贴的老年人分别为3058.9万、81万和23.5万。截至2020年,全国建成各类养老机构3.8万个,社区养老服务机构和设施有28万个,养老床位合计823.8万张。

少数民族参与国家事务管理权利得到有效保障,民族自治地方的自治机关领导人员中配备少数民族领导干部的规定、少数民族人大代表选举的规定得到切实落实。55个少数民族均有本民族的全国人大代表和全国政协委员。第十三届全国人大代表中,少数民族代表438名,占14.7%,高于少数民族在全国人口中所占比例。国家制定专项规划,实施西部大开发、兴边富民行动等一系列政策措施,促进民族地区经济快速发展。内蒙古、广西、西藏、宁夏、新疆五个自治区和贵州、云南、青海三个多民族省份2018年至2020年的总体经济增长幅度超过全国平均增长水平,居民人均可支配收入从1978年的150多元增长到2020年的24,534元。少数民族和民族地区教育事业快速发展。中国通过发展民族地区各级各类学校,举办预科班、民族班,在广大农牧区推行寄宿制教育,着力办好民族地区高等教育等举措,促进教育公平,保障少数民族受教育权利。民族地区已全面普及从小学到初中9年义务教育,西藏自治区和新疆维吾尔自治区的南疆阿克苏地区、克孜勒苏柯尔克孜自治州、喀什地区、和田地区四地州实现了从学前到高中阶段15年免费教育。少数民族文化事业蓬勃发展。在民族地区推广普及国家通用语言文字,依法保障各民族使用和发展自己的语言文字的自由。截至2020年,民族自治地方共设置广播电台、电视台、广播电视台等播出机构729个。全国各级播出机构共开办民族语电视频道279套,民族语广播188套。中国入选联合国教科文组织人类非物质文化遗产名录(名册)的42项非物质文化遗产中,少数民族项目有15项,占37.5%。在少数民族地区设立了11个国家级文化生态保护(实验)区。全国25个省(区、市)已建立民族古籍整理与研究机构,截至2020年,抢救、整理散藏民间的少数民族古籍约百万种(不含馆藏及寺院藏书)。组织实施《中国少数民族古籍总目提要》编纂工程,全部完成后将收录书目约30万种。

残疾人社会保障体系不断完善。全面建立困难残疾人生活补贴和重度残疾人护理补贴制度。截至2020年,享受困难残疾人生活补贴人数有1212.6万人,享受重度残疾人护理补贴人数有1473.8万人。截至2020年,共有2699.2万残疾人参加城乡居民社会养老保险,其中1140.5万残疾人领取养老金;1076.8万残疾人获得城乡最低生活保障,其中重度残疾人641.4万人;680.1万重度残疾人中政府代缴养老保险费比例达到96.7%;另有303.7万非重度残疾人享受全额或部分代缴养老保险费的优惠政策。残疾人康复服务普惠可及。2020年,1077.7万名残疾儿童及持证残疾人得到基本康复服务,242.6万名残疾人得到各类辅助器具适配服务。自2018年建立实施残疾儿童康复救助制度以来,全国接受康复救助的残疾儿童达67.6万人次。残疾预防工作取得积极成效。制定发布《国家残疾预防行动计划(2016—2020年)》,有效控制出生缺陷和发育障碍致残、着力防控疾病致残、努力减少伤害致残和显著改善康复服务等四项行动取得积极进展，主要任务目标基本实现。着力办好特殊教育，大力发展融合教育，努力保障残疾人享有平等受教育权。2020 年全国共有特殊教育学校 2244 所，专任教师 6.62 万人，在校学生 88.08 万人，比 2013 年增加 51.27 万人，增长 139.3%。不断完善随班就读支持保障体系，在普通学校随班就读的残疾学生规模不断扩大，由 2013 年的 19.1 万人增加到 2020 年的 43.58 万人，增长 128.2%。近 10 年来，残疾学生在普通学校就读的比例均接近或超过 50%。全国实现了家庭经济困难残疾学生从小学到高中阶段教育的 12 年免费教育。党和政府通过完善法律法规、拓展就业渠道、完善服务体系，促进残疾人就业权利的实现。截至 2020 年，全国共有残疾人就业服务机构 2811 家，国家级残疾人职业培训基地 478 家，城乡持证残疾人就业人数 855.2 万人。2015 年至 2020 年，全国共建立 4581 个残疾人扶贫基地，扶持近 40.9 万残疾人就业增收；建档立卡贫困残疾人家庭人均纯收入由 2015 年的 2776.2 元增长到 2019 年的 8726.2 元。制定实施《无障碍环境建设条例》。截至 2020 年，1753 个市、县开展无障碍建设，全国累计创建 469 个无障碍市县村镇。全国村(社区)综合服务设施中有 81.05% 的出入口、56.58% 的服务柜台、38.66% 的厕所进行了无障碍建设和改造。2016 年至 2020 年，全国共有 65 万贫困重度残疾人家庭得到了无障碍改造。截至 2019 年，全国已建成各级残疾人综合服务设施 2341 个，康复设施 1006 个，托养服务设施 887 个；共有省级残疾人专题广播节目 25 个、电视手语栏目 32 个；设立盲文及盲文有声读物阅览室 1174 个。全面推进信息无障碍建设，增强信息无障碍终端产品供给，推进无障碍产品和服务技术推广应用，拓宽残疾人参与信息社会的渠道，推动信息化与无障碍环境的深度融合，消除“数字鸿沟”，助力社会包容性发展。

《全面建成小康社会：中国人权事业发展的光辉篇章》人权白皮书以大量事实和翔实的数据，将中国共产党人尊重和保障人权的不懈追求，特别是党的十八大以来在“以人民为中心”的核心理念的引领下，坚定不移地围绕“人民的生存权、发展权是首要的基本人权”“人民的幸福生活是最大的人权”全方位推动中国特色人权事业的迅速发展，始终把人民安危冷暖、安居乐业放在首位，全力解决好人民群众关心的问题，在幼有所育、学有所教、劳有所得、病有所医、老有所养、住有所居、弱有所扶的新时代“以民为本”“以人为本”的人权精神全面地、真真切切落到实处的具体实践和伟大成就清楚地展现出来，将中国人自古以来对“大道之行天下为公”的理想境界的向往不断地变成现实展示在世界面前，充分体现了中国人民享有了比任何时候都更为充分的人权。

第七章 “以民为本”人权核心理念与人权发展本土化的理论思考

一、“以民为本”人权核心理念的理论思考

本土人权文化资源的发掘和解读可以为构建表达本土观念和诉求的中国人权话语提供文化和伦理基础、价值和理念启发。集体本位的“人民生存权和发展权是首要的基本人权”的中国人权话语核心理念,是本土人权知识与实践成果的积累和中国人权事业发展成就和经验的结晶,从理论上不断加深对这一核心理念及其蕴涵的历史意义和现实意义的认识很有必要。

(一)中、西人权核心理念的思考

有学者指出:“中国人权学界一直对中国难以形成一套与西方旗鼓相当的人权理论体系而焦虑,其实大可不必。”①如果推究这种“焦虑”产生的根本原因,

① 齐延平:《论回归生活世界的人权文化》,载《人权法学》2022年第2期。

恐怕在于学术思想上受制于西方所谓的“现代人权思想理论”。西方人权概念和思想可上溯到古希腊、古罗马的“自然”与“自然法”,在启蒙运动中发展成较系统的“自然权利”学说,并在资产阶级革命胜利后实现法律转换,产生一系列所谓的“人权法制”的法规制度,并通过强势的经济、军事、文化的力量传播到全世界,在三百年的浸染中,转化为西方世界根深蒂固的社会意识。尽管西方人权思想理论是产生于西方历史与文化的特定土壤中且不具有绝对的“普遍意义”,但其从形式上却形成了具有两千多年贯通性和厚重性文化色彩的思想理论,具有悠长的历史跨度。于是,在一些“仰视”者中形成了一种思维定式:西方人权思想理论中关于“权利”“义务”“人权”等概念以及“人权思想”等重要学理问题的论定,被视作唯一的判定标准。这样一来,经历漫长历史发展的古代中国文化中是否蕴涵人权思想、国家治理中是否存在人权保障这样具有重要的历史意义和现实意义的学理问题,学术界至今还是见仁见智,未能达成共识。[①] 套用“西方的理论框架、概念、范畴和命题来研究中国”[②],得出“中国传统文化当中没有产生人权概念”[③]的结论几乎难以避免,将整个中国古代社会的人权文化归入虚无,势必造成漠视中国本土人权思想和人权实践发展历史的严重后果,于是就会因“中国难以形成一套与西方旗鼓相当的人权理论体系”而陷入焦虑。中国古代是否存在人权文化,同样不能以别的国家标准来衡量而应当在“自我授权”[④]“自我主张”[⑤]的基础上,努力去发现和解读中华历史文化和社会发展中的人权文化基因,这就有必要通过与西方人权核心理念进行对照比较,对“以民为本”的核心理念从理论上作进一步的认识与思考。

---

① 参见孟庆涛:《儒家人权话语述论》,载《人权》2020 年第 5 期。

② 苏力:《法治及其本土资源》,中国政法大学出版社 1996 年版,第 217 页。

③ 孙强:《改革开放以来马克思主义人权理论中国化研究》,中央编译出版社 2013 年版,第 160 页。

④ [英]柯林伍德:《历史的观念》,何兆武、张文杰译,中国社会科学出版社 1986 年版,第 268 页。

⑤ 夏莹:《百年变局中建构中国学术的自我主张——读〈黑格尔的哲学遗产〉》,载《光明日报》2021 年 2 月 20 日。

我们从《礼记·礼运》关于“大道之行天下为公”的描述中,推知“以民为本”思想产生的渊源,是阶级分化以前的初民社会为适应自然法则而产生的“习惯法”。这种“习惯法”是建立在长期经验积累的“实然”基础之上,是遵循认识论规律而形成的。从现代法学角度看,或许难以认定当时的人们就已经具有了明晰的权利和义务意识,但“习惯法”在客观上明确了氏族群体和每个氏族成员的权利和义务关系,遵守“习惯法”也就意味着享有相关权利和承担相应义务,对群体和所有群体成员而言,它并非取决于个人意愿的倡导性规定,而是“必须”这样做的限制性规定。因为氏族群体中每一个成员的生存和发展与群体的生存和发展密切相关,保障群体和群体中每个成员的生存和发展,成为氏族群体一切活动的目的。故保障初民社会中群体与个人“最起码的生存权和发展权”,成为“习惯法”的核心要义。《汉书·刑法志》对初民社会人与人之间协调权利与义务时倡导“敬让博爱”的描述,则明确反映出中华先民将义务前置以协调权利义务的选择方式,此种选择必然造成集体本位的权利意识,抑或初民社会面临严酷的自然环境,必须更多地借助群体的力量方能生存和繁衍的集体意识促成了这样的选择。当文字产生后,古籍中追述这种初民社会传承下来的“习惯法”并称之为“以民为本”思想,并在中国五千年历史进程中相传相继发展至今。而“必须保障民众最基本的生存权和发展权”和集体本位的义务前置意识,早已在漫长的历史传承中铭刻为中华民族的文化基因,对中国历史和社会的发展以及民族心理意识的塑造产生了重大影响。

马克思主义的社会发展史理论是科学的理论。根据这一理论,世界其他国家的先民都经历过《礼记·礼运》描述的阶级分化之前的那个“天下为公”的历史时期,欧洲社会也不会例外,这可以从恩格斯的《家庭、私有制和国家的起源》、摩尔根的《古代社会》和许多人类学家的研究成果中找到大量例证。然而在阶级分化并进入“国家”阶段之后,在古希腊一批对社会影响甚大的思想家引领下,将“自然”作为“理解时代精神的主题”①,

① 徐显明主编:《人权法原理》,中国政法大学出版社2008年版,第2页。

认为“在现实世界之外，存在一个先于经验、超越时空、永恒存在的理念世界，人们关于理念世界的知识先天存在于人的心灵之中。”[①]这是一个并非出于人类的认识和经验的先验的“自然”，但古希腊哲人们却认为“而出于自然的东西是不能变动的，对一切有同等效力。”[②]“自然”即正义，每个人的权利与生俱来，出自“自然”，天然具有合理性。人的与生俱来的权利中最核心的是“个人自由权利”。到了近代启蒙运动思想家们在构建“自然权利”人权学说时，“霍布斯、斯宾诺莎等人将自由看作权利的本质，或者认为权利就是自由……洛克说权利意味着‘我享有使用某物的自由’，康德、黑格尔也用‘自由’来解说权利……”[③]在这样的历史传承和漫长时间的浸润与熏染中，欧洲人将这种先验的、个人本位的“自由权利”铭刻为自己的文化基因。尽管“西方理念中人权的首要意义不在于人权规范体系中表达的利益，而在于人权承载着西方人的信仰延续和精神依归，哪怕人权仅仅是形式上的，哪怕人权并没有带来真正的和平和幸福，西方人对它也坚执不移。”[④]

探究中、西方进入阶级社会后，何以在权利与人权核心理念的构建上如此分道扬镳，必定是一个相当复杂、争论不休的问题。但这种铭刻于文化基因中的人权核心理念的差异却是客观存在，而且不以人们的意愿为转移，更何论其已经成为不同的国家政治体制、制度与意识形态的构建基础，强求一致是不可能的，甚至求同存异都十分困难，而其对国际人权互动甚至国际关系的影响是绝对不可低估的。二者之间实现融通，恐怕要经历相当长的历史时期和国际关系格局的深刻变化之后。我们在观察错综复杂的国际人权文化现象、参与人权问题对话时，对此应当保持清醒的认识，对于单纯按照西方人权核心理念来观察、横议中国从古到今的人权文化，试图以此来“规范”中国的人权思想理论的种种企图作出妥善

---

① 齐延平：《论回归生活世界的人权文化》，载《人权法学》2022 年第 2 期。

② ［古希腊］亚里士多德：《尼各马可伦理学》，苗力田译，中国社会科学出版社 1990 年版，第 102 ~ 103 页。

③ 夏勇：《人权概念的起源——权利的历史哲学》，中国政法大学出版社 2001 年版，第 44 页。

④ 齐延平：《论回归生活世界的人权文化》，载《人权法学》2022 年第 2 期。

应对。

(二)“以民为本”核心理念贯通“民生”与“人权”的思考

对于传统“以民为本”思想或“民本主义”的属性,学术界一直存在不同观点。一种观点对于传统“民本主义”给予了极高的评价,认为“儒家民本思想之第一要义是以人民为政治之主体”①。持此种观点者以我国港台地区学者和一些日本学者为主。这种观点将古代思想家的“应然”之论作为“实然”,认为古代社会中人民居于政治生活的主体地位,从而对民本主义思想作了拔高的评价,忽视了它的历史局限性。另一种观点基于传统的“阶级斗争”观念,认为“民本主义”只是阶级社会中“助官治民”的一种统治手段。这是由于其未能对“民本主义”思想追根溯源。阶级社会初期的一段历史时期,“习惯法”被冠以“天”的名义持续发挥重要影响,并作为代代传承的治国理政箴言,对统治集团具有较强的制约作用。历史中商代夏、周代商,都体现了当统治者罔顾民众最基本的生存权和发展权,于是“获罪于天”,从而被认为失去政治合法性。随着私有制的发展和社会矛盾的复杂化,“以民为本”思想才逐步演变为“助官治民”的统治手段。即便如此,由于其在社会意识和民众心理中具有根深蒂固的基础,“以民为本”内核中的“保障民众最基本的生存权和发展权”的理念一直是维持正常统治秩序不可逾越的底线。

这两种观点还存在一个具有共性的问题。不论是对传统“民本主义”拔高的评价,还是将“民本主义”思想的认识归宗于“人道主义”“人性”“民生”的范畴,都未能将其与人权保障问题相联系,来领悟到“以民为本”思想内核中“必须保障民众最基本的生存权和发展权”的权利保障性质并非仅仅出自“人性”、顾及“民生”的“养民”思维和有利治理的策略手段,其体现的正是恩格斯所定义的“国家”的职能,即对民众低限人权的承认。

由于在西学东渐时传进中国的人权理论纯系西方思想和西方话语,中国学术界在接触人权概念时难免落入西式人权以个人本位“自由权

---

① 金耀基:《中国民本思想史》,法律出版社2008年版,第6页。

利”为核心的窠臼,认为非此不能视作“权利”、不能判定为“人权”。这就在中华传统的“民生”和人权之间设置了一个壁垒。《尚书·泰誓》所言“民之所欲,天必从之。”[①]这种“民欲”中,就包含了大量民生问题,是无法与权利问题截然分开的,因而中国古代社会中对民生问题的意识和处置,有不少实际上包含承认“权利”的意识在内。因此,要彻底摆脱对西方人权思想的“仰视”心理,对中国特色的人权思想作出“自我定义”“自我主张”,就应当打破人为设置在中华文化的“民生”与“人权”中间的壁垒,将人权问题和民生问题进行贯通研究,这必将大大拓展中国人权文化研究的深度和广度。

(三)新时代“以民为本”思想内涵的本质性变化的思考

中国特色的人权文化具有贯古通今的发展历史。我们从理论上认识清楚在长期受西方人权思想影响而造成的漠视中国人权文化的失误中、在将“以民为本”思想作贯通古今的整体性研究和无缝连结中,要特别注意深刻认识中国古代社会传统的“以民为本”思想在新时代思想内涵发生的本质性变化及其深远的历史意义。

传统的“以民为本”思想在阶级社会中具有的本质意义的局限性,其根源在于人民不居于主体地位。在剥削阶级作为统治阶级掌控的“国家”中,作为“以民为本”核心理念的“必须保障民众最基本的生存权和发展权”的人权属性,只是作为正常“国家”必有职能的体现。因而“保障民众最基本的生存权和发展权”在中国古代社会仅仅是在努力守住“国家”的政治合法性的底线,而且经常有底线失守而天下大乱的现象发生,广大民众和统治阶级都为此付出沉重的代价。

而中国共产党自诞生起,就把为人民谋幸福、为民族谋复兴、为人类谋发展作为奋斗目标,尊重和保障人权是中国共产党人的不懈追求。党的纲领、政策和实践始终以人民当家作主,保障和促进人民的一切权利为目标。其中最核心的权利,就是生存权与发展权这一首要的基本人权,传统的“以民为本”思想的本质内涵开始向人民为主体的方向转化,这是

---

① (清)阮元校刻:《尚书正义》卷11,《十三经注疏》,中华书局1980年版,第181页。

“以民为本”思想几千年历史发展中划时代的分水岭。

新中国成立后，迅速确立了社会主义基本制度，保障人民当家作主的权利，在不长的时间内完成了历史上最为广泛的社会变革，建立起独立完整的国民经济体系。同时坚定地捍卫国家主权，为不断改善人民享有生存权与发展权的状况和全面发展人权奠定了根本的制度和物质基础。

改革开放后，成功开辟了中国特色社会主义道路，极大地解放和发展了社会生产力。人权保障相继载入党章，写入宪法，进一步建立并完善了人权保障制度，初步建立起中国特色人权保障体系，人民的生存权、发展权保障得到大幅度提升，其他各项基本权利不断得到更好的发展。

党的十八大以后，中国特色社会主义进入新时代。“以人民为中心”的发展思想和“立法为民”原则在社会主义法治建设中的确立，标志着“以民为本”思想内涵向人民主体方向的历史性变革的完成。全面贯彻真正的“以民为本”精神、保障人民的生存权和发展权的认识和重视，被提升到新的高度。

“以人民为中心”的人权理念对人权的本质、首要的基本人权的定位、个人权利和集体权利的有机统一、整体推进各项权利、检验人权实现的重要标准、国际人权治理的基本原则、人权的最高价值追求等均作了全方位的精辟阐述，且始终将保障生存权、发展权这个“以民为本”思想一直坚守的核心理念置于“首要的基本人权”的位阶。① 奉行“以人民为中心”的人权理念，就是要在将生存权、发展权作为首要的基本人权的同时，“协调增进全体人民的各项权利，努力促进人的全面发展”②。

根据“以人民为中心”的人权理念提出的“人民幸福生活是最大的人权”的关于人权的本质性表述，不仅符合马克思主义的基本立场、中国共产党的根本宗旨和中国特色社会主义的根本要求，而且符合构建“人类命运共同体”的意蕴内涵和世界各国人民的根本利益，同时也符合人权普遍性的基本精神。③ 坚持“以人民为中心”人权理念的提出，是对中国共产

---

① 国务院新闻办公室：《为人民谋幸福：新中国人权事业发展 70 年》，2019 年 9 月 22 日。

② 国务院新闻办公室：《为人民谋幸福：新中国人权事业发展 70 年》，2019 年 9 月 22 日。

③ 参见鲁广锦：《当代中国人权话语的构建维度与价值取向》，载《人权》2020 年第 4 期。

党建立以来为人民谋幸福、为民族谋复兴而奋斗的理论与实践最科学的概括。“以人民为中心”的理念坚持“人民是历史的创造者,是决定党和国家前途命运的根本力量。必须坚持人民主体地位”。[①] 在“以人民为中心”理念的引领下,“以民为本”思想在传承中完成了向人民主体地位的本质性转化,实现了历史性超越,在促进我国人权事业全面发展中展示出新时代的勃勃生机。

二、国际人权发展“本土化”趋势的认识与思考

世界历史发展进入百年未有之大变局。在此大变局的背景下,国际斗争极其纷繁复杂,“由于掺杂了政治偏好和意识形态对抗、价值观与信仰对立、经济博弈与利益纠葛等因素,人权文化问题已经成为当今世界最具拉扯性、争议性和撕裂性的问题。”[②]人权也是大国博弈的热点问题。尽管西方人权思想被塑造为“具有普遍意义”,并在强势的军事、经济、文化力量的支撑下向全世界扩张,其虽然取得了先发优势和强势话语权,但仍然不断受到占世界人口 80% 以上的其他国家和民族基于多元社会历史文化背景的不同人权诉求的冲击。“第二代”“第三代”人权的出现并被国际社会所认可,即是明确的体现。实际上,国际人权价值和规范的有效性建立在与多元的世界各个具体的本土社会、价值和需求相契合的基础上,而长期以来国际社会和机构因种种原因对于人权的推动仍然缺乏如何契合世界多元的历史、文化、社会、政治和需求的深刻思考和研究,导致国际人权标准和规范虽已普遍确立却难以普遍执行。寻找这些问题的产生原因和解决途径的过程中,各国政府、学者和国际机构越来越关注人权标准和规范如何与各个具体的本土社会需求相适应的问题,无论具体表述是“本土化”、“本地化”或者“情景化”,相较于过去促进人权普遍性的目标,学术界也越发关注和探索如何促进人权回应本土诉求和问题方

---

① 习近平:《决胜全面建成小康社会 夺取新时代中国特色社会主义伟大胜利——在中国共产党第十九次全国代表大会上的报告》,人民出版社 2017 年版,第 21 页。

② 齐延平:《论回归生活世界的人权文化》,载《人权法学》2022 年第 2 期。

面的有效性。[①] 而面对世界各国千差万别的“本土情景”,这个问题的复杂程度和达成共识的难度可想而知。实际上,如何实现人权价值和规范与各个具体的本土情景相适应的问题,与国际人权发展为何会出现本土化趋势这一问题具有十分紧密的联系,中国特色的人权发展情势与此正相契合。如果我们对人权发展本土化趋势的原因进行更为广泛和深入的研究,对人权固有的本土属性的认识和分析更为透彻,将对于如何有效促进人权价值和规范的本土化发展有更多的启迪。因此,对世界人权发展“本土化”趋势的成因、方式和走向进行深入探讨和理论研究,对于我们更深刻地认识人权文化的本质属性和自身发展规律,积极参与、推动和引领国际人权发展中既有普遍认可度,又与我们的立场和实践相符合的主题和趋势,向世界表达和传播“生存权与发展权是首要的基本人权”“人民的幸福生活是最大的人权”等中国人权的理念、智慧和经验,去“推动形成更加公正、合理、包容的全球人权治理”[②]具有重要的学术价值和现实意义。

(一)人权“本土性”的思考

我们处于一个权利的时代,[③]人权是国际社会的共识性话语和价值体系。《世界人权宣言》及核心国际人权公约所承载的人权理念和标准得到各国普遍性地认可。[④] “人权”“基本权利”“人的权利”等保障人权的概念广泛存在于各国宪法中。然而随着人权保护法律框架的完善,人权学说的哲学和理论根基却仍然无法摆脱争论和质疑。[⑤] 以西方基调为

---

① See István Lakatos,*Implementing Universal Human Rights Standards in and by Sub-Saharan African States in the Shade of Local Traditionism*, 42 Human Rights Quarterly 217, 217 – 253 (2020).

② 黄坤明:《在纪念〈世界人权宣言〉发表 70 周年座谈会上的讲话》,载国务院新闻办公室网 2018 年 12 月 10 日,http://www.scio.gov.cn/tt/hkm/Document/1643232/1643232.htm。

③ 路易斯·亨金认为:“我们的时代是权利的时代,人权是我们时代的观念,是已经得到普遍接受的唯一的政治与道德观念。”参见[美]路易斯·亨金:《权利的时代》,信春鹰等译,知识出版社 1997 年版,第 1 页。

④ 联合国所有会员国至少批准了七个核心人权公约中的一个,大部分公约的缔约国数量众多。参见联合国人权高专办数据,载 https://indicators.ohchr.org,2021.10.20。

⑤ See Michael Boylan,*Natural Human Rights: A Theory*,Cambridge University Press,2014.

主的现代人权学说呈现一种矛盾:一方面它拥有一整套道德和法律标准,另一方面其理论支撑却无法得到论证。[①]人权概念在西方思想史中经历了从古希腊到 17 ~ 18 世纪的漫长发展时期,从“自然”到“自然法”再到“自然权利”并经过启蒙运动思想家的构建获得了“从自然权利向法律权利转变的关键性理论依据”。[②] 但是建立在形而上以及超验基础上(无论是神学还是自然法)的西方传统人权理论早已备受广泛质疑。[③] 如果人权价值不是作为超越历史和文化的绝对主张,我们该如何认识和论证其“普遍性”? 实现人权在不同政治、经济、社会和文化中的普遍适用是否会潜在地破坏本土价值和文化多元性?[④] 如果国际社会或者西方国家拿着“外来的”人权概念和标准去衡量某些国家的制度和实践,是否会走向“文化霸权主义”?[⑤] 许多我们长期关注的理论和实践难题,从人权话语的构建到国际人权公约的解释和实施等,在抽丝剥茧后会发现仍然离不开对诸多人权本质问题的思考。

1. 人权产生和发展的社会维度

自然权利说等传统理论失去权威后,越来越多的学者开始强调人权的历史和社会维度,认为其产生和发展都不是天赋的、超验的、抽象的,而是社会的、历史的、具体的。例如,突现理论(emergent theory)就认为人权的产生和发展是基于特定的社会条件和集体心理。正是第二次世界大

---

① M. Freeman, *The Philosophical Foundations of Human Rights*, 16 (3) Human Rights Quarterly 491 (1994).

② 徐显明主编:《人权法原理》,中国政法大学出版社 2008 年版,第 9 页。

③ See Jack Donnelly, *Universal Human Rights in Theory and Practice*, Cornell University Press,2013.

④ See D. Otto, *Rethinking the “Universality” of Human Rights Law*, 29 Columbia Human Rights Law Review 18(1998).

⑤ 甚至有学者认为《世界人权宣言》的普遍化缺乏文化正当性。See Makau Mutua, *Human Rights Standards: Hegemony, Law and Politics*, New York University Press,2016. 美国人类学协会曾在 1947 年对《世界人权宣言》中权利的文化普遍性进行质疑,认为宣言主要体现了西欧和美国社会的主流价值。See American Anthropological Association, *Statement on Human Rights*, 49 American Anthropologist 539 (1947). 而穆勒早在 19 世纪就批判以“为你好”的名义干涉所谓“未开化”国家的霸权主义行为, See John Stuart Mill, *A Few Words on Non-Intervention*, in J. Robson ed. ,Collected Works of John Stuart Mill,University of Toronto Press,1984。

战史无前例的浩劫和暴行开启了现代人权观念飞速发展的时代。① 权利主体和内容的不断扩展体现了特定历史时期下现实生活中的人们对“人之为人”的具体需求和主张的发展。例如,《经济、社会及文化权利国际公约》下“休息、闲暇、工作时间之合理限制与照给薪资之定期休假,公共假日亦须给酬”的普遍要求产生于19世纪工业革命下工人阶层的倡导。《世界人权宣言》等人权文件把人之为人的尊严作为人权的前提和基础却没有对其涵义做出阐释。而无论是“人性”还是“人的尊严”都是不能被生物学等科学定义的规范性道德概念和理论,因此对于人的基本需求和尊严生活,除“免于饥饿和恐惧”②(生存和安全)外,很难达成完全的共识。③ 最终《世界人权宣言》中的权利清单体现的是针对不同历史条件下产生的对人的尊严的普遍威胁的反映和抵抗。人权清单的演变同时也反映了随着社会、实践和科学技术的变迁,人们对于尊严生活、人的价值和自我实现的定义和条件理解的更新。并且,不是所有对抗威胁的需求,及任何有价值的东西都被视为权利。④ 有限的公共资源下,最终要保护哪些需求、利益和价值实际上更多地取决于社会和政治选择把什么定义为“权利”。因此,拉兹说:“只有当条件允许政府承担起义务来保护那些权利所保护的利益的时候,个人才具有相称的条件来拥有人权。”⑤可见,人权并不是一种“客观事实”式的独立存在,它是在对应的社会环境和价值体系上不断演化的社会产物。正如马克思所阐明的:人权是在人类社会生活的历史进程中产生和发展的,它不是从来就有,也不是永恒不变的。⑥

现代社会面临的一项普遍难题是人权与其他诉求,以及不同权利之

---

① Charles Beitz, *The Idea of Human Rights*, Oxford University Press, 2009.

② 罗斯福提出的人类的四项基本自由(言论自由、信仰自由、免于匮乏和恐惧的自由)成为了《世界人权宣言》序言的一部分。

③ Christian Bay, *Self-Respect as a Human Rights: Thoughts on the Dialectics of Wants and Needs in the Struggle for Human Community*, 4(1) Human Rights Quarterly 53 (1982).

④ 参见[英]约瑟夫·拉兹:《自由的道德》,孙晓春、曹海军等译,吉林人民出版社2006年版。

⑤ 约瑟夫·拉兹、岳林、章永乐:《人权无需根基》,载《中外法学》2010年第3期。

⑥ 参见刘瀚、李林:《马克思主义人权观初论》,载《中国法学》1991年第4期。

间的冲突取舍和优先权衡。由于“天赋人权”关于人权本源的影响,人权的概念和语言中通常带着一种“绝对性”的前提。正如德沃金提出的“权利作为王牌”①,权利不仅仅是立法产物,而是判断和评估立法和政策的独立根据。② 人权的“至上性”使它不但作为实在法下法定权利的重要正当性基础,甚至还可以作为王牌去“否决”法律和政治中的裁量。但是现实社会中的矛盾和取舍,包括用人权语言表达的不同权利诉求,通常都难以用人权本身去解决。例如,反复摆在欧洲人权机构面前的个人隐私权与公共安全(其他人的安全权)的问题。欧洲人权法院的意见和裁决充满了“合理平衡”“比例原则”等笼统模糊的用词和概念。③ 我国《刑事诉讼法》的改革发展也是寻求不断完善保障人权和惩罚犯罪之间的平衡。而任何的平衡或权衡势必跳出单纯的人权框架,进入更广泛的社会、文化、价值等组成的背景中去做出更好地反映特定社会对向往的尊严和幸福生活的选择。因此人权并不是置身于其所处社会和环境之外的存在,更不是一项通过法律和政策去实现的统一信仰。个人权利的享受从来都无法脱离国家安全、公共秩序、公共卫生、普遍福利以及他人权利与自由的关系。④ 马尔蒂·科斯肯涅米(Koskenniemi)提出:去掉其乌托邦的外衣,人权的本质是在历史、社会、文化、政治、意识形态影响下做出的矛盾取舍和优先排位。⑤ 可以说,现实中的人权反映是一个社会在自身历史、文化、价值等基础上对幸福生活的定义。很多时候根本的问题并不是怎样确定和实现应有权利,而是如何分配有限的资源或机会、如何权衡冲突的诉求,甚至是必须选择哪些目标或者哪个群体“优先”。而这些权衡、妥协和取舍的背后是在这个社会的历史、文化、制度、集体思维及认知等

---

① [美]罗纳德·德沃金:《认真对待权利》,信春鹰、吴玉章译,中国大百科全书出版社2002年版。

② 参见高鸿钧:《德沃金法律理论评析》,载《清华法学》2015年第2期。

③ See Silver v. United Kingdom (1987) Series B no. 51,75 – 76.

④ 例如《世界人权宣言》第29条对个人权利和自由的限制做出一般性规定,《公民权利和政治权利国际公约》的诸多条款中也规定了对具体权利的限制标准。

⑤ See Martti Koskenniemi, *The Politics of International Law*, Hart Publishing, 2011.

基础上产生的位阶体系。[①]

2. 人权的普遍标准源于地方价值

人权的社会和文化的本质维度，决定了它是自生自发的本土产物，并带有天然的本土“特殊性”。但是人权的“特殊性”或者“相对性”的存在并不是对“普遍性”的否定。具备“特殊性”并不等于不能产生跨文化的共识和标准。当今国际人权标准和规范，虽仍存在西方人权标准的主导性影响，但是也纳入了不同国家和文化的多元人权观念和价值，[②]如曾经被认为是“社会主义权利”的第二代、第三代人权今天成为国际人权标准和规范不可分割的一部分。因而可以说，正是众多的“特殊性”构成了“普遍性”。如果说国际人权标准是建立在不同国家、社会和文化价值取向的共识之上，这一共识的实现实际上是通过各个本土价值和规范从“厚”到“薄”的标准化过程。[③] 复杂、具体和经验的本土人权观点和价值经过薄化可以成为简单、抽象、笼统的，具有“概括性”、“共通性”和“可以互相感知”[④]的普遍标准。并且这是一个单向的过程，即“薄”价值可以由“厚”价值抽象和归纳来达成观念上的认同，但是“厚”价值却无法以“薄”价值作为支撑和依据。[⑤] 归根结底还是因为人权在本质上是本土的，它必须是自己赋予的，而不能是外部强加的。

当然本土社会和文化并不是静止和固态的，而是一直处于持续发展与不断重构的过程中。本土文化本身就会随着其社会内部的价值、观点

---

① “集体”一词并不代表一个社会内部的观点、价值和认知是完全统一的。任何社会内部都必然对幸福生活/美好社会有着多元的，甚至矛盾冲突的看法。社会和文化也不是一成不变的，而是变化的、动态的、受外界影响的。

② 今天人权的范围不但包括源自西方（法国和美国人权宣言）的“第一代”公民政治权利，还包括社会主义国家以及反殖民地运动推动的“第二代”的经济社会文化权利，以及“第三代”的集体权。参见孙世彦：《国际人权标准——西方的还是世界的》，载《人权研究》2020年第1期。

③ See Benjamin Gregg, *Human Rights as Social Construction*, Cambridge University Press, 2012.

④ “仁”“良心”“相互感知”等中国儒家思想由张彭春引入了《世界人权宣言》的起草中。See Summer Twiss, *Confucian Contributions to the Universal Declaration of Human Rights, A Historical and Philosophical Perspective*, in Arvind Sharma ed., The World's Religion: A Contemporary Reader, Fortress Press, 2010, p. 102 – 114.

⑤ See Benjamin Gregg, *Human Rights as Social Construction*, Cambridge University Press, 2012, p. 69.

和行为的不断更新而发展,处于全球化和现代化下的本土文化受到外来文化的影响,以及对其他良好经验的借鉴更是不可避免。外来文化通过“本土化”的过程,使传承与借鉴、过去与现在融合与重构,进而实现本土文化的创新和发展,这也体现了文化发展的必然规律。然而国际人权价值和标准的认定和传播,无论是文化的影响和借鉴,还是“薄”价值向“厚”价值的转化,如果过程只是单方向的,缺少了本土的对话、参与和认可,甚至是简单粗暴地忽视、摒弃或者压制本土的自我意识,那么结果必然会变成一种强加性的“人权霸权主义”。单方面的人权指责和干涉往往可能出自道德和文化上的优越感,否定对方的独立和平等,将其作为不能“代表自己”的被动的接受者或客体。如果人权不是建立在本土社会通过主观能动性自我诠释、发展和赋予的基础上,而是来自基于其他社会模式的衡量和审视、干涉和改变,产生的终将是不能根深蒂固(彻底制度化和社会化)的短暂泡沫。

(二)国际人权发展的“本土化”趋势

以《世界人权宣言》为代表的国际人权标准的抽象性和概念性,为超越西方社会价值的跨文明的重叠性合意和共识的产生提供了可能。国际法在此基础上建立了成熟的法律规范和监督机制以促进人权保护的实现。但道德概念与法律规范的普遍性建立,虽然意义重大,却不能解决国际人权标准的解释和实施的长久争议与难题,以及在观念价值上如何实现从“薄”到“厚”的文化转化。

1. 国际人权规范的国内实施“本土化”的过程

国家是人权的主要保护者和促进者,人权保护的实现主要依靠国内层面的实施和执行,这是国际基本共识。现代国际和区域人权保护体制主要扮演着监督、协助和支持的角色,而不是替代或者篡夺每个国家追求和实施权利的自由。[①] 国际人权公约中的辅助性原则(principle of subsidiarity)就体现了国际机构是作为国内人权保护的辅助和监督机

① Paolo G. Carozza, *Subsidiarity as a Structural Principle of International Human Rights Law*, 97(1) American Journal of International Law 38 (2003).

制而存在的。国家对国际义务的履行本来就享有自由裁量权,其可以选择认为合适的履行方法,它所承担的是结果义务,不是方法义务。而国际人权规范的概念性和原则性的特质,更是不可避免地加剧了国家对于具体权利的定义和内涵解释的潜在性差异。例如,《经济、社会及文化权利国际公约》中的工作权是否意味着国家有义务保障就业(即使是循序渐进的)以及提供失业救助?什么情况下应该提供多少救助?虽然经济社会权利委员会的一般性意见对理解和执行公约作出进一步解释,但提供的主要也是原则性的指导建议而非具体措施。如第19号一般性意见中“应该向失业人员发放一定时期的补贴”中即不会规定具体时间,更不会要求补贴的数额。特定政府和社会对于工作权概念或者社会保障程度的不同解释会产生截然不同的实施措施和结果。甚至作为所有人权基础的、即使在社会紧急状态下也绝不能克减的生命权,[①]其解释仍然是依托于特定的社会、文化和政治环境。最典型的例子就是对堕胎和安乐死的不同认识。国际标准的笼统性,加之其适用环境的差异性,决定了国际规范从概念到解释,从解释到实施与执行在本质上是一个不断本土化的过程。这也是在国际普遍标准的框架下,无法规避的合理且正当的变量。可见国际标准的实施与执行并不是普遍统一的,而是具有明显的历史、文化、社会和政治的相对性。合理的“本地化”或者“情景化”更有利于国际规范在一个社会中的“内在化”或者“社会化”,继而成为政府行为和社会生活的一部分。

问题的核心在于如何能够实现国际与国内之间的本土化连接。我们应该认识到单纯从法律和制度方面自上而下的改良以推行“国际标准”显然是远远不够,甚至难以维持的。[②] 人权标准和规范承载的社会、文化和价值等内涵决定了切入点是使国际人权话语与本土文化之间产生共鸣。当人权不再是天赋的、超验的和固有的,其普遍性可以说源于选择和

---

① 参见《世界人权宣言》第3条;《公民权利和政治权利国际公约》第6条第1款;人权事务委员会一般性意见6、14。

② 法律和政策的执行需要有益的环境支持,如国家机构和工作人员的培训、公民的人权教育以及文化氛围的培养等。

需要它的社会(社会中的个人和群体),“实用性”成为人权价值的重要来源,而实用的经验信息必然带着地方色彩。[①] 今天人权话语和标准的现实意义在于能否引起本土民众的共鸣,能否于他们具有说服力和吸引力,能否对适用它的群体有价值。于人权实践无关的人权概念则难以有遵循的意义。[②] 民众更容易理解和认可符合本土历史、文化、习俗、共同心理和政治认知上的人权价值,因此只有通过不牺牲本土文化完整性的方式,通过本土的参与和人们的选择,来决定何时何地、通过何种方式实现具有目标和引导价值的国际普遍标准。例如,非洲社会中,相比于执行个人的法律权利,当地人更依赖家庭、社区以及“合作、互相依存和集体责任”的作用。[③] 由此非洲民众对符合此项文化传统的改革与措施更能产生归属感,国内实施也更容易获得实效性。

同时,抽象的国际人权语言需要被“翻译转化”为与个人和群体更紧密相关的本土语言。例如,中华文化有着深厚和贯通的人权思想源流,人权思想本身并不是纯粹的舶来品,而被视为舶来品的实际上是 19 世纪“西学东渐”时输入的现代人权的语言。因为人权最终面对的都是本土的问题,人权的语言除了表达人权标准和规范,它更是一种可应用的资源以及赋权或充权的手段——推动社会对本土文化进行新的思考、解读和发展,从而提出符合自身定义的尊严和幸福生活的权利诉求和主张。虽然这些主张并不能都立即实现,而是进入一个逐步从社会目标和取向发展为法定权利的非线性过程。所以我们反复强调人权在本质上是自生自发、自我赋予的。人权的实现不是通过不同的电脑从同一个云端下载同样的软件程序进行安装,[④]而是只有其内核在于支持和促进本土表达和诉求的时候,人权的普遍性和正当性才能得到最大的体现。

---

① 参见[英]詹姆斯·格里芬:《论人权》,徐向东、刘明译,译林出版社 2015 年版,第 46 页。

② 约瑟夫·拉兹、岳林、章永乐:《人权无需根基》,载《中外法学》2010 年第 3 期。

③ See Josiah Cobbah, *African Values and the Human Rights Debate: An African Perspective*, 9 Human Rights Quarterly 320 (1987).

④ See Benjamin Gregg, *Human Rights as Social Construction*, Cambridge University Press, 2012, p. 160.

2. 国际社会共识的日益发展

人权的本土性与世界性、相对性和普遍性并不矛盾对立，并且有着相互支撑与促进的关系。一方面，作为国际社会共同认可和倡导的目标与价值，在不断的跨文化交流与对话、借鉴与兼容的过程中，人权已然发展成为不同文化的同一个前进方向。犹如各个国家的驾驶习惯和规则不同，但安全驾车是普遍性的目标和道德规则。① 另一方面，国际社会中人权的核心标准和规范也具有相当的趋同性。主流观点认为《世界人权宣言》至少它的部分内容已经发展为国际习惯法。人权法的发展甚至为国际法带来人本化价值导向和规则影响。② 在共同的人权语言下，人权事业的实际推进有赖于本土的相关性和实用性，而不同社会的经验和实践将继续改进和完善国际人权标准和机制，实现建立在广大本土人权文化之上的真正普遍性。

基于长期实践基础上产生的这些认识，国际机构和国家对“本土文化”的关注和重视越发成为发展趋势。联合国人权高专办就各国制订国家人权行动计划曾明确提出：“每个国家都应该以自己的政治、文化、历史和法律环境为出发点，这一点是至关重要的。没有一个模式或途径能够适合所有的国家。”③联合国开发计划署肯定了毛里塔尼亚尝试将人权建设问题根植于本国文化和价值的观点，并认为这是促进和保护人权的最可持续的途径。④广大发展中国家不断强调本土文化、传统、宗教和价值观对促进和保护人权提供的灵感和作用。⑤ 例如，《非洲人权和民族权宪章》的序言中明确提出，非洲人权事业的发展必须“考虑到他们历史的传

① 参见约瑟夫·拉兹、岳林、章永乐：《人权无需根基》，载《中外法学》2010年第3期。

② See Theodor Meron, *The Humanization of International Law*, Brill Academic Publishers, 2006.

③ See OHCHR, Hand Book on National Human Rights Plan Action, p. 8, https://www.ohchr.org/Documents/issues/education/training/HandbookNationalHR.pdf. 文件也反映了《维也纳宣言和行动纲领》强调的国家和地域特征的重要性。

④ See UNDP, A Desk Study on National Human Rights Action Plans, p. 19, file:///C:/Users/34417/Downloads/Desk%2520study%2520of%2520National%2520Human%2520Rights%2520Action%2520plans.pdf.

⑤ 参见约旦、印度尼西亚等发展中国家制订的国家人权行动计划。

统美德和非洲文明的生活价值”。而欧洲人权法院基本原则之一的国家裁量余地(margin of appreciation)原则的产生也是为了尊重文化的多样性,以及平衡个人权利和国家/公共利益。尊重成员国的本土价值和文化特殊性也是为了让人权保护功能实际而有效。

人权概念和语言的国际化发展,最终需要回归如何促进人权保护与本土的最大相关性和融通性。本土化不应只被狭义地理解为国际人权条约的实施和执行问题,从人权的产生和发展、传播和转化规律中我们可以认识到本土化涵盖了对基本人权价值和标准的再解释(通过本土意识的参与和选择)、国际人权规范的实施(因地制宜的实现方式)[①],以及不尽相同的具体结果和表现,它的最终目的是促进本土人权事业的发展。“本土化”应该是一个持续的过程:通过对人权基本价值和规范的诠释、表达和实践,培养和形成本土人民自我授予的人权内容和程序,而各文化对人权表达的扩展和加深进一步促进人权的文化合法性和多元化发展。因此国际人权的“本土化”发展不应只停留在事实描述上,更需要广大国家和人民,特别是发展中国家及国际组织和机构作为目标和理念来推动和实现。中国提出的“人类命运共同体”下人权包容发展和共同发展的理念,[②]正是体现了人权本土化过程中对文化多元性的包容精神,得到越来越多的发展中国家的理解和支持。

---

① 针对实施方法的研究参见 Tom Zart、张伟、石慧:《利用本土文化深化国际人权的实施:载体论》,载《中国政法大学学报》2013 年第 2 期。

② 参见鲁广锦:《构建人类命运共同体的人权意义》,载《光明日报》2017 年 6 月 15 日,第 10 版。

结　语

今天国际人权标准和规范可以说拥有着普遍的道德、政治和法律的正当性基础，成为衡量全球治理和国家行为的基本准则之一。但是人权概念和价值的普遍性并不能抹去其本身所固有的历史、文化、社会等地方性基础和内涵。国际人权价值和标准的普遍性不但兼容并蓄世界文化的丰富多元，更意在保护不同国家、群体的人们基于自身历史、文化、价值和经验自由选择人权路径的权利。如今的国际人权体系，无论是理念话语还是规范制度，都经历了历史上不断的重估与构建。实践经验和理论更新表明，为了促进人权标准的普遍执行和实现，国际人权发展的方向和目标越来越关注于如何更好地实现人权观念、意识和文化在本土的生成与发展、意义与功能。

中国拥有深厚的历史和文化底蕴，其中独具中华特色的"以民为本"思想经历几千年的传承与发展，蕴含了传统的人权价值和理念，为本土人权知识和实践提供了重要的文化资源和根基。"以民为本"思想在新时代"以人民为中心"的发展思想引领下完成了历史性变革，在现代人权概念的框架下，融入本土化知识，以“生存权与发展权是首要的基本人权”“人民幸福生活是最大的人权”作为核心理念，以“促进人权事业全面发展”“物质文明、政治文明、精神文明、社会文明、生态文明协调发展”①作为实现自生自发的价值、需求和选择的中国人权事业的发展追求。与此同时，中国将积极推动国际人权的“本土化”发展，借助国际多边平台人权公共讨论的相对中立性和开放性，充分发挥中国人权发展中的理念、成就和经验方面的优势和影响力，积极引导全球整体人权语境的发展方向。通过构筑与国际人权话语共通性的价值和诉求，阐发和传播承载中国人权知识和经验的中国人权话语，继而贡献于国际人权概念和标准的丰富与发展、规范和机制的改革与完善，形成更加公正、合理、包容的全球人权治理。中国人权事业的成功典范，必将为同样寻求本国人权发展道路的各国，特别是广大发展中国家带来信心和启示。

① 《坚定不移走中国人权发展道路　更好推动我国人权事业发展》，载《人民日报》2022年2月27日。